DR. OETKER

SUPER EINTÖPFE

Mit vielen Suppenrezepten

Genehmigte Lizenzausgabe für Verlagsgruppe Weltbild GmbH, Steinerne Furt, 86167 Augsburg
Copyright der Originalausgabe © 2010 by Dr. Oetker Verlag KG, Bielefeld

Redaktion	Jasmin Gromzik, Miriam Krampitz
Titelfoto	Fotostudio Diercks, Hamburg
Innenfotos	Fotostudio Diercks, Hamburg (S. 4, 5, 19, 21, 39, 45, 49, 59, 63, 73, 85, 103, 105, 107, 109, 111, 115, 117, 119, 135, 137, 139, 147, 155)
	Ulli Hartmann, Halle/Westf. (S. 7, 23, 51, 53, 79, 83, 101, 125, 129, 133, 153)
	Bernd Lippert (S. 17, 33, 71, 89, 113, 121, 123, 127, 145)
	Antje Plewinski, Berlin (S. 11, 47, 61, 67, 69, 131, 141, 143, 149)
	Hans-Joachim Schmidt, Hamburg (S. 9, 13, 15, 27, 29, 31, 35, 37, 41, 43, 55, 57, 75, 77, 81, 87, 91, 93, 95, 97, 99, 151, 157)
	Norbert Toelle, Bielefeld (S. 25)
	Brigitte Wegner, Bielefeld (S. 65)
Titelgestaltung	kontur:design GmbH, Bielefeld
Grafisches Konzept	kontur:design GmbH, Bielefeld
Gestaltung und Satz	MDH Haselhorst, Bielefeld
Druck und Bindung	Neografia, a.s. printing house, Martin

Printed in the EU
978-3-8289-1423-0

2012 2011 2010
Die letzte Jahreszahl gibt die aktuelle Lizenzausgabe an.

Einkaufen im Internet:
www.weltbild.de

DR. OETKER

SUPER EINTÖPFE

Mit vielen Suppenrezepten

Weltbild

Vorwort

Suppen sind längst mehr als der erste Gang eines Menüs. Sie begeistern ebenso als Hauptspeise wie als kleine Mahlzeit mit frischem Brot.

Eintöpfe, die gehaltvollen Varianten, waren schon immer klassische Sattmacher und schmecken aufgewärmt besonders gut.

Beide werden in einem Topf zubereitet und sind weltweit beliebt. Probieren Sie z. B. leichte Suppen mit Fisch, internationale Gerichte wie Borschtsch oder ein Chili und vegetarische Klassiker wie Zwiebelsuppe oder Linsensuppe.

Hier finden Sie Genuss zum Auslöffeln.

Italienischer Bohnen-Gemüse-Topf

Zubereitungszeit: 35 Minuten, ohne Einweichzeit I Garzeit: 70–80 Minuten

4 Portionen I Pro Portion: E: 18 g, F: 7 g, Kh: 32 g, kJ: 1085, kcal: 259 I Vegetarisch – gut vorzubereiten

Zutaten

Zum Vorbereiten:

250 g getrocknete, weiße Bohnen

1 ½ l Wasser

Für den Bohnen-Gemüse-Topf:

2 Zwiebeln

3 Knoblauchzehen

2 EL Olivenöl

1 Lorbeerblatt

je ½ TL gerebelter Oregano und gerebeltes Basilikum oder 1 TL gerebelte italienische Kräuter

1 Bund Suppengrün (Knollensellerie, Möhre, Porree)

150 g grüne Bohnen

300 g Staudensellerie

150 g Zucchini

200 g Tomaten

2–3 Gemüsebrühwürfel (für je 500 ml [½ l] Flüssigkeit) oder 2 geh. TL gekörnte Gemüsebrühe

1 EL Tomatenmark

Salz

frisch gemahlener Pfeffer

Cayennepfeffer

2 EL gehackte Kräuter, z. B. Basilikum, Thymian, Estragon, Oregano

Zubereitung

1 Zum Vorbereiten Bohnen auf ein Sieb geben und mit kaltem Wasser abspülen. Bohnen in einen Topf geben, mit dem Wasser bedecken und über Nacht einweichen (Packungsanleitung beachten).

2 Für den Bohnen-Gemüse-Topf die Bohnen mit dem Einweichwasser zugedeckt zum Kochen bringen.

3 In der Zwischenzeit Zwiebeln und Knoblauch abziehen, in kleine Würfel schneiden. Zwiebel-, Knoblauchwürfel, Olivenöl, Lorbeerblatt und die getrockneten Kräuter zu den Bohnen in den Topf geben. Danach die Zutaten wieder zum Kochen bringen und die Bohnen zugedeckt 50–60 Minuten bei mittlerer Hitze fast gar kochen.

4 Sellerie und Möhre putzen, schälen, abspülen und abtropfen lassen. Porree putzen, die Stange längs halbieren, gründlich waschen und abtropfen lassen. Sellerie und Möhre in Scheiben und Porree in Streifen schneiden.

5 Von den grünen Bohnen die Enden abschneiden, eventuell abfädeln. Die Bohnen waschen, abtropfen lassen und in Stücke schneiden oder brechen. Den Staudensellerie putzen und die harten Außenfäden abziehen. Selleriestangen waschen und abtropfen lassen. Zucchini waschen, abtrocknen und die Enden abschneiden. Zucchini halbieren oder vierteln. Selleriestangen und Zucchini in Scheiben schneiden.

6 Tomaten waschen, abtropfen lassen, kreuzweise einschneiden, kurz in kochendes Wasser legen und in kaltem Wasser abschrecken. Tomaten enthäuten, halbieren, entkernen und die Stängelansätze herausschneiden. Tomatenhälften in Würfel schneiden.

7 Grüne Bohnen, Knollensellerie- und Möhrenscheiben (von dem Suppengrün) mit den Brühwürfeln oder der gekörnten Brühe zu den weißen Bohnen geben, zum Kochen bringen und zugedeckt weitere etwa 12 Minuten kochen lassen.

8 Dann Porreestreifen, Staudensellerie- und Zucchinischeiben hinzufügen, zum Kochen bringen und zugedeckt noch weitere 5 Minuten kochen lassen. Die Tomatenwürfel und das Tomatenmark hinzugeben und 2–3 Minuten mitgaren lassen.

9 Die Suppe mit Salz, Pfeffer und Cayennepfeffer abschmecken und anschließend mit den Kräutern bestreut servieren.

Dicke Bohnensuppe mit Schalotten

Zubereitungszeit: 40 Minuten, ohne Ruhezeit | Garzeit: 6–8 Minuten
4 Portionen | Pro Portion: E: 12 g, F: 7 g, Kh: 33 g, kJ: 1025, kcal: 245 | Einfach

Zutaten

Für die Brotfladen:

125 g Vollkorn-Weizenmehl

100 ml heißes Wasser

1 Prise Salz

etwa 1 TL Speiseöl für die Pfanne

Für die Suppe:

6 Schalotten (etwa 180 g)

1 Bund Schnittlauch

1 Glas dicke Bohnen
(Abtropfgewicht 425 g)

1 EL Butter oder Margarine

750 ml (¾ l) Gemüsebrühe

Salz

frisch gemahlener Pfeffer

½–1 EL Zitronensaft

Zubereitung

1 Für die Brotfladen das Mehl in eine Rührschüssel geben. Dann Wasser und Salz hinzufügen. Die Zutaten mit Handrührgerät mit Knethaken zunächst kurz auf niedrigster, dann auf höchster Stufe in etwa 1 Minute zu einem glatten Teig verarbeiten. Den Teig mit den Händen kurz durchkneten und etwa 60 Minuten ruhen lassen.

2 Den Teig vierteln. Die einzelnen Teigportionen jeweils auf der nur leicht bemehlten Arbeitsfläche zu einer runden Platte ausrollen (Ø je etwa 13 cm). Eine Pfanne mit einem dünnen Boden etwas fetten und gut erhitzen. Die Fladen darin nacheinander etwa 2 Minuten von einer Seite backen, bis braune Punkte erscheinen. Fladen wenden und weiterbacken, eventuell die Hitze etwas reduzieren. Die Fladen aus der Pfanne nehmen und auf Kuchenrosten abkühlen lassen.

3 Für die Suppe Schalotten abziehen und in kleine Würfel schneiden. Schnittlauch abspülen, trocken tupfen und in feine Röllchen schneiden. Bohnen auf ein Sieb geben, mit kaltem Wasser abspülen und abtropfen lassen.

4 Die Butter oder Margarine in einem Topf zerlassen. Die Schalottenwürfel darin andünsten. Zwei Drittel der Schnittlauchröllchen und die Bohnen hinzugeben, etwa 2 Minuten unter Rühren mitdünsten lassen.

5 Brühe hinzugießen und zum Kochen bringen. Die Bohnensuppe zugedeckt 6–8 Minuten bei schwacher Hitze leicht kochen lassen. 4 Esslöffel der Bohnen mit einer Schaumkelle herausnehmen und beiseitelegen. Die Suppe mit den restlichen Bohnen pürieren.

6 Beiseitegelegte Bohnen in der Suppe erwärmen. Die Suppe mit Salz, Pfeffer und Zitronensaft abschmecken und in Tellern verteilen. Die Bohnensuppe mit den restlichen Schnittlauchröllchen bestreuen. Die Brotfladen dazureichen.

Tipp

Die Brotfladen schmecken auch mit weißem Weizenmehl (Type 405). Statt Brotfladen selbst zuzubereiten, können Sie auch fertig gekauftes Fladenbrot zur Suppe reichen.

Chili sin Carne

Zubereitungszeit: 20 Minuten | Garzeit: etwa 35 Minuten

4 Portionen | Pro Portion: E: 18 g, F: 8 g, Kh: 38 g, kJ: 1264, kcal: 301 | Beliebt

Zutaten

1 kleine rote Chilischote

1 Gemüsezwiebel

2 Knoblauchzehen

1 große Möhre

je 1 rote, gelbe und grüne
Paprikaschote

1 kleine Aubergine (etwa 250 g)

1 Zucchini (etwa 300 g)

2–3 EL Olivenöl

Salz

frisch gemahlener Pfeffer

125 ml (⅛ l) Gemüsebrühe (Instant)

1 Dose geschälte Tomaten
(Einwaage 800 g)

2 kleine Dosen Kidneybohnen
(Abtropfgewicht je 250 g)

1 Stängel Rosmarin

1 kleines Bund Thymian

evtl. ½ Bund Petersilie

Zubereitung

1 Chilischote längs aufschneiden, entkernen. Schote abspülen, trocken tupfen und in feine Streifen schneiden. Zwiebel abziehen, halbieren und klein würfeln. Knoblauch abziehen, klein würfeln.

2 Möhre putzen, schälen, abspülen, abtropfen lassen und in kleine Würfel schneiden. Paprikaschoten waschen, abtropfen lassen, vierteln, entstielen, entkernen und weiße Scheidewände entfernen. Aubergine und Zucchini waschen, abtrocknen, Enden und Stängelansätze entfernen. Aubergine und Zucchini in ½–1 cm große Würfel schneiden.

3 Olivenöl in einem großen Topf erhitzen. Zuerst Chilistreifen, dann Zwiebel- und Möhrenwürfel darin bei nicht zu starker Hitze leicht anbraten. Paprikaviertel, Knoblauch- und zuletzt Auberginen- und Zucchiniwürfel hinzugeben und mitdünsten lassen. Mit Salz und Pfeffer würzen. Brühe hinzugießen, zum Kochen bringen und etwa 5 Minuten kochen lassen.

4 Tomaten pürieren, mit den Kidneybohnen (mit der Flüssigkeit) zu dem angedünsteten Gemüse geben, zum Kochen bringen und zugedeckt etwa 20 Minuten bei schwacher Hitze kochen lassen, ab und zu umrühren.

5 Rosmarin und Thymian abspülen und trocken tupfen. Nadeln oder Blättchen von den Stängeln zupfen und klein schneiden.

6 Etwa 10 Minuten vor Ende der Garzeit die Kräuter in den Eintopf geben und Chili sin carne fertig garen. Nochmals mit Salz und Pfeffer abschmecken.

Kichererbsensuppe mit Gemüse

Zubereitungszeit: 40 Minuten | Garzeit: etwa 10 Minuten

4 Portionen | Pro Portion: E: 16 g, F: 14 g, Kh: 32 g, kJ: 1372, kcal: 328 | Raffiniert

Für die Suppe:

1 Zwiebel

10 g Ingwerwurzel (etwa 2 cm)

100 g Knollensellerie

150 g Möhren

200 g grüne Bohnen
(ersatzweise TK-Bohnen)

1 Zucchini (150 g)

2 Dosen Kichererbsen
(Abtropfgewicht je 265 g)

2 EL Speiseöl

1 geh. TL Currypulver

750 ml (¾ l) Gemüsebrühe

Salz

frisch gemahlener Pfeffer

200 g Tomaten

1 EL Zitronensaft

2 TL Sojasauce

Für den Dip:

150 g Joghurt

150 g saure Sahne (10 % Fett)

2 EL Schnittlauchröllchen

1 Für die Suppe die Zwiebel abziehen und in kleine Würfel schneiden. Ingwer schälen, abspülen, abtropfen lassen und klein würfeln.

2 Sellerie putzen, schälen, abspülen, abtropfen lassen und dann in dünne Streifen schneiden. Die Möhren putzen, schälen, abspülen, abtropfen lassen und ebenfalls in dünne Streifen schneiden.

3 Von den Bohnen die Enden abschneiden. Die Bohnen eventuell abfädeln, waschen, abtropfen lassen und in Stücke schneiden (TK-Bohnen antauen lassen und klein schneiden). Die Zucchini waschen, abtrocknen und die Enden abschneiden. Zucchini längs halbieren und in dünne Scheiben schneiden.

4 Kichererbsen auf ein Sieb geben, mit kaltem Wasser abspülen und abtropfen lassen.

5 Das Speiseöl in einem Topf erhitzen. Zwiebel-, Ingwerwürfel, Sellerie- und Möhrenstreifen mit Curry darin etwa 3 Minuten unter gelegentlichem Rühren andünsten. Bohnenstücke, Zucchinischeiben und Kichererbsen hinzugeben. Brühe hinzugießen und mit Salz und Pfeffer würzen.

6 Die Zutaten zum Kochen bringen und zugedeckt etwa 8 Minuten bei schwacher Hitze leicht köcheln lassen.

7 In der Zwischenzeit die Tomaten kreuzweise einschneiden und kurz in kochendes Wasser legen. Anschließend in kaltem Wasser abschrecken, enthäuten und die Stängelansätze entfernen. Die Tomaten achteln, zur Suppe geben und weitere 2 Minuten köcheln lassen. Die Suppe mit Zitronensaft, Sojasauce, Salz und Pfeffer abschmecken.

8 Für den Dip Joghurt mit saurer Sahne und Schnittlauch in einer kleinen Schüssel glatt rühren und mit Salz und Pfeffer abschmecken. Joghurt-Dip zur Suppe reichen.

> **Tipp**
>
> Wer es etwas schärfer mag, kann die Suppe zum Schluss mit 1 Messerspitze Sambal Oelek abschmecken.
> Die Suppe möglichst mit heller Sojasauce würzen, da diese milder im Geschmack ist.
> Ingwer wird meist in 5–10 cm langen Stücken angeboten. Im Gemüsefach des Kühlschranks halten sich Ingwerwurzeln 7–10 Tage, in Folie verpackt sogar 2 Wochen. Junge, zarte und noch nicht faserige Wurzeln lassen sich nach dem Schälen leicht fein würfeln. Ältere, zähe und bereits faserige Wurzeln entweder für das Rezept geschält mitkochen und anschließend wieder entfernen oder geschält in kleinen Stücken durch die Knoblauchpresse drücken, sodass die faserigen Teile zurückbleiben.

Pfannkuchensuppe mit Gemüseeinlage

Zubereitungszeit: 45 Minuten, ohne Quellzeit | Garzeit: 4–6 Minuten

4 Portionen | Pro Portion: E: 8 g, F: 6 g, Kh: 18 g, kJ: 693, kcal: 166 | Vegetarisch – für Kinder

Für die Pfannkuchen:

90 g Vollkorn-Weizenmehl

1 Ei (Größe M)

150 ml Milch

Salz

frisch gemahlener Pfeffer

frisch geriebene Muskatnuss

½ Bund Petersilie

½ Bund Schnittlauch

1 TL Sonnenblumenkerne

2 TL Speiseöl

Für die Suppe:

1 kleiner Knollensellerie (etwa 150 g)

200 g Möhren

1 kleine Stange Porree
(Lauch, etwa 150 g)

1 l Gemüsebrühe

1 Für den Pfannkuchenteig Mehl mit Ei, Milch, Salz, Pfeffer und Muskat mit einem Schneebesen in einer Rührschüssel verrühren. Petersilie und Schnittlauch abspülen, trocken tupfen. Dann die Blättchen von den Petersilienstängeln zupfen. Blättchen klein schneiden. Schnittlauch in feine Röllchen schneiden. Die Sonnenblumenkerne grob hacken und mit den Kräutern unter den flüssigen Pfannkuchenteig rühren. Den Teig 10–20 Minuten quellen lassen.

2 Für die Suppe in der Zwischenzeit den Sellerie putzen, schälen, abspülen, abtropfen lassen und in dünne Streifen schneiden. Möhren putzen, schälen, abspülen, abtropfen lassen und ebenfalls in dünne Streifen schneiden. Porree putzen, die Stange längs halbieren, gründlich waschen, abtropfen lassen und in feine Streifen schneiden.

3 Die Hälfte des Speiseöls in einer Pfanne (Ø etwa 22 cm) erhitzen. Die Hälfte des Pfannkuchenteiges hineingeben und einen dünnen Pfannkuchen bei mittlerer Hitze von beiden Seiten jeweils etwa 2 Minuten backen. Pfannkuchen herausnehmen. Das restliche Speiseöl in die Pfanne geben und den zweiten Pfannkuchen auf die gleiche Weise backen. Pfannkuchen etwas abkühlen lassen, aufrollen und dann in feine Scheiben schneiden.

4 Brühe in einem Topf zum Kochen bringen. Gemüsestreifen hinzugeben, wieder zum Kochen bringen und zugedeckt 4–6 Minuten (je nach Größe des geschnittenen Gemüses) bei schwacher Hitze kochen lassen. Die Suppe mit Salz und Pfeffer abschmecken.

5 Die Pfannkuchenröllchen in tiefen Tellern verteilen und mit der Suppe auffüllen.

Gemüsesuppe „Querbeet" (Foto)

Zubereitungszeit: 15 Minuten | Garzeit: 25–30 Minuten
4 Portionen | Pro Portion: E: 1 g, F: 8 g, Kh: 18 g, kJ: 786, kcal: 187 | Schnell – einfach

Zutaten

250 g festkochende Kartoffeln

1 l Gemüsebrühe

500 g TK-Suppengemüse

½ Bund Petersilie

½ Bund Kerbel

100 g Emmentaler-Käse, im Stück

Salz

frisch gemahlener Pfeffer

Zubereitung

1 Kartoffeln schälen, abspülen, abtropfen lassen und in kleine Würfel schneiden. Brühe in einem Topf zum Kochen bringen. Kartoffelwürfel hinzufügen, wieder zum Kochen bringen und zugedeckt etwa 15 Minuten kochen lassen.

2 Anschließend das Suppengemüse hinzugeben, wieder zum Kochen bringen und zugedeckt weitere 10–15 Minuten garen.

3 In der Zwischenzeit Petersilie und Kerbel abspülen und trocken tupfen. Die Blättchen von den Stängeln zupfen. Blättchen klein hacken. Käse fein reiben.

4 Die Suppe mit Salz und Pfeffer abschmecken, mit Petersilie und Kerbel bestreuen.

5 Den geriebenen Käse kurz vor dem Servieren über die Suppe streuen oder dazu servieren.

Griechische Zucchinisuppe

Zubereitungszeit: 50 Minuten | Garzeit: etwa 5 Minuten
12 Portionen | Pro Portion: E: 15 g, F: 21 g, Kh: 7 g, kJ: 1150, kcal: 274 | Vegetarisch – für Kinder

Zutaten

5–6 Knoblauchzehen

3 Zwiebeln

100 g Butter

1 ¼ l Gemüsebrühe

750 g Joghurt

3 Eier (Größe M)

3 gestr. EL Weizenmehl

1,2 kg Zucchini

600 g Schafkäse

2 Bund Schnittlauch

Salz, frisch gemahlener Pfeffer

frisch geriebene Muskatnuss

Zubereitung

1 Knoblauch und Zwiebeln abziehen, in kleine Würfel schneiden. Die Butter in einem großen Topf zerlassen. Knoblauch- und Zwiebelwürfel darin andünsten. Den Topf von der Kochstelle nehmen.

2 Gemüsebrühe, Joghurt, Eier und Mehl hinzufügen und gut verrühren. Die Zutaten unter ständigem Rühren zum Kochen bringen.

3 Zucchini waschen, abtropfen lassen und die Enden abschneiden. Die Zucchini in kleine Würfel schneiden, in die Suppe geben, wieder zum Kochen bringen und etwa 5 Minuten kochen lassen.

4 Schafkäse in Würfel schneiden. Schnittlauch abspülen, trocken tupfen und in Röllchen schneiden. Schafkäsewürfel und die Schnittlauchröllchen in die Suppe geben und erhitzen.

5 Die Zucchinisuppe mit Salz, Pfeffer und Muskat abschmecken und heiß servieren.

Beilage: Warmes Fladenbrot oder Ciabatta.

Französische Zwiebelsuppe

Zubereitungszeit: 35 Minuten | Garzeit: 10–15 Minuten

4 Portionen | Pro Portion: E: 9 g, F: 21 g, Kh: 22 g, kJ: 1428, kcal: 341 | Klassisch – mit Alkohol

Zutaten

etwa 600 g Zwiebeln

50 g Butter oder Margarine

850 ml Gemüsebrühe

150 ml Weißwein

Salz

geschroteter, weißer Pfeffer

30 g Butter

8 Scheiben Baguette

50 g geriebener Parmesan-Käse

Zubereitung

1 Zwiebeln abziehen, halbieren und in dünne Scheiben schneiden oder hobeln. Butter oder Margarine in einem Topf zerlassen. Die Zwiebelscheiben darin unter Rühren bei mittlerer Hitze andünsten.

2 Gemüsebrühe hinzugießen, zum Kochen bringen und zugedeckt 10–15 Minuten bei mittlerer Hitze gar kochen. Weißwein hinzugießen. Die Suppe mit Salz und Pfeffer würzen.

3 Den Backofengrill vorheizen.

4 Die Butter in einer großen Pfanne zerlassen. Die Baguettescheiben darin von beiden Seiten goldgelb rösten.

5 Die Zwiebelsuppe in große, feuerfeste Suppentassen füllen. Die Baguettescheiben darauf verteilen und mit Parmesan-Käse bestreuen.

6 Die Suppentassen auf dem Rost unter den vorgeheizten Backofengrill schieben. Die Suppe kurz überbacken, bis der Käse leicht gebräunt ist.

7 Die Zwiebelsuppe sofort servieren.

Tipp

Die Zwiebelsuppe als kleines Gericht servieren. Als Vorspeise reicht die Menge für 6 Portionen. Dann 45 g Butter oder Margarine, 6 Baguettescheiben und 45 g Parmesan-Käse verwenden.

Falls Sie keine hitzebeständigen Suppentassen haben, können Sie die Baguettescheiben auch getrennt zubereiten. Dafür die Baguettescheiben auf ein mit Backpapier belegtes Backblech legen und mit Parmesan-Käse bestreuen. Das Backblech in den vorgeheizten Backofen schieben. Die Baguettescheiben bei Ober-/Unterhitze: etwa 220 °C, Heißluft: etwa 200 °C etwa 5 Minuten überbacken. Die Baguettescheiben vor dem Servieren auf die Suppe geben.

Süßsaure Caponata

Zubereitungszeit: 30 Minuten, ohne Abkühlzeit

6 Portionen | Pro Portion: E: 7 g, F: 16 g, Kh: 28 g, kJ: 1324, kcal: 316 | Vegetarisch

Zutaten

2 rote Zwiebeln

2 Knoblauchzehen

2 Auberginen (je etwa 200 g)

1 große Zucchini (etwa 200 g)

je 1 rote und gelbe Paprikaschote

4 EL Olivenöl

Salz

frisch gemahlener Pfeffer

4 EL Weißweinessig

2 l Tomatensaft

100 g Rosinen

2 Rispen kleine Tomaten (etwa 250 g)

evtl. Zucker

1 Bund Basilikum

100 g geröstete Pinienkerne

Zubereitung

1 Zwiebeln und Knoblauch abziehen. Zwiebeln und Knoblauch in kleine Würfel schneiden. Auberginen und Zucchini waschen, abtrocknen und die Stängelansätze und Enden abschneiden. Auberginen und Zucchini in etwa 1 cm große Würfel schneiden.

2 Die Paprikaschoten halbieren, entstielen, entkernen und die weißen Scheidewände entfernen. Schotenhälften ebenfalls in etwa 1 cm große Würfel schneiden.

3 Olivenöl in einem Topf erhitzen und Zwiebel- und Knoblauchwürfel darin andünsten. Vorbereitete Gemüsewürfel portionsweise hinzugeben und mit andünsten. Mit Salz und Pfeffer würzen. Mit Essig ablöschen und den Tomatensaft hinzugießen. Rosinen unterrühren. Die Zutaten zum Kochen bringen und etwa 15 Minuten bei mittlerer Hitze kochen lassen.

4 In der Zwischenzeit die Tomaten waschen, trocken tupfen, in den Eintopf geben und miterhitzen. Mit Salz, Pfeffer und eventuell etwas Zucker abschmecken.

5 Basilikum abspülen und trocken tupfen. Die Blättchen von den Stängeln zupfen. Blättchen in Streifen schneiden. Caponata mit Pinienkernen und Basilikumstreifen bestreut servieren.

Beilage: Ofenfrisches Baguette.

Tipp

Für Fleischesser gebratene Salciccia (italienische Bratwurst) dazureichen.

Kartoffelsuppe mit Weißwein

Zubereitungszeit: 35 Minuten | Garzeit: 25–30 Minuten
6 Portionen | Pro Portion: E: 4 g, F: 16 g, Kh: 21 g, kJ: 1215, kcal: 290 | Mit Alkohol

Zutaten

600 g vorwiegend festkochende Kartoffeln

200 g Möhren

200 g Porree (Lauch)

40 g Butter

350 ml trockener, leichter Weißwein

500 ml (½ l) Gemüsebrühe

½ TL gerebelter Rosmarin

½ TL gemahlener Koriander

½ TL Zucker

1 gestr. TL Salz

½ TL gemahlener, weißer Pfeffer

½ Bund Dill

200 g Schmand (Sauerrahm)

Zubereitung

1 Kartoffeln schälen, abspülen, abtropfen lassen und grob würfeln. Möhren putzen, schälen, abspülen und abtropfen lassen. Gut 100 g der Möhren in grobe Stücke schneiden. Die restlichen Möhren klein würfeln und beiseitestellen. Porree putzen, die Stangen längs halbieren, gründlich waschen, abtropfen lassen und in breite Streifen schneiden.

2 30 g der Butter in einem großen Topf zerlassen. Porreestreifen darin andünsten. Kartoffelwürfel und die groben Möhrenstücke hinzugeben und mit andünsten. Restliche Butter in einem kleinen Topf zerlassen. Die beiseitegestellten Möhrenwürfel darin zugedeckt 5–10 Minuten bei schwacher Hitze gar dünsten lassen. Eventuell 1–2 Esslöffel Wasser hinzugeben. Die Möhrenwürfel beiseitestellen.

3 Wein und Brühe zur angedünsteten Kartoffel-Gemüse-Masse geben und zum Kochen bringen. Mit Rosmarin, Koriander, Zucker, Salz und Pfeffer würzen. Die Suppe zugedeckt 25–30 Minuten bei schwacher Hitze kochen lassen.

4 Dill abspülen und trocken tupfen. Die Spitzen von den Stängeln zupfen. Spitzen klein schneiden.

5 Den Topf von der Kochstelle nehmen. Die Suppe mit einem Stabmixer pürieren. Dill und den Schmand unterrühren (nicht wieder zum Kochen bringen).

6 Beiseitegestellte, gedünstete Möhrenwürfel ebenfalls unterrühren oder auf die Suppe streuen. Die Suppe sofort servieren.

Tipp

Die Möhrenwürfel in 1 Teelöffel Zucker karamellisieren.
Der Schmand kann durch Crème fraîche ersetzt werden.

Tomaten-Porree-Suppe

Zubereitungszeit: 45 Minuten I Garzeit: etwa 15 Minuten

4 Portionen I Pro Portion: E: 4 g, F: 12 g, Kh: 24 g, kJ: 960, kcal: 229 I Mit Alkohol

Zutaten

1 l Salzwasser

125 g Langkornreis

2 Stangen Porree
(Lauch, etwa 400 g)

2 Zwiebeln

750 g Tomaten

50 g Butter oder Margarine

1 l Gemüsebrühe

1 EL Tomatenmark

2 EL Portwein

Salz

5 EL Schlagsahne

Zubereitung

1 Salzwasser in einem Topf zum Kochen bringen. Den Reis hinzugeben und nach Packungs- anleitung in 15–20 Minuten fast gar kochen lassen. Reis auf ein Sieb geben, mit kaltem Wasser übergießen und abtropfen lassen.

2 Porree putzen, die Stangen längs halbieren, gründlich waschen, abtropfen lassen und in feine Streifen schneiden. Zwiebeln abziehen und in kleine Würfel schneiden.

3 Tomaten waschen, abtropfen lassen, kreuzweise einschneiden, kurz in kochendes Wasser legen und in kaltem Wasser abschrecken. Tomaten enthäuten, halbieren, ent- kernen und die Stängelansätze herausschneiden. Tomatenhälften in Scheiben schneiden.

4 Butter oder Margarine in einem Topf zerlassen. Zwiebelwürfel darin glasig dünsten. Tomatenscheiben hinzufügen und 3–5 Minuten mitdünsten lassen.

5 Brühe hinzugießen, zum Kochen bringen und zugedeckt etwa 5 Minuten bei schwacher Hitze kochen lassen. Die Suppe pürieren, anschließend durch ein Sieb streichen und wieder zurück in den Topf geben. Porreestreifen hinzufügen. Die Suppe wieder zum Kochen bringen und zugedeckt weitere etwa 10 Minuten bei schwacher Hitze köcheln lassen.

6 Den gegarten Reis, Tomatenmark und Portwein unter die Suppe rühren. Die Suppe mit Salz abschmecken. Die Sahne kurz vor dem Servieren unter die Suppe rühren.

Tipp

Portwein ist ein Likörwein. Ersatzweise kön- nen Sie Sherry verwenden. Der Alkohol kann auch ersatzlos weggelassen werden. Beachten Sie beim Kochen von Reis die Packungsanleitung – sie ist je nach Reissorte verschieden. Als Faustregel gilt: Ungeschäl- ter Reis (Naturreis) benötigt eine längere Garzeit als geschälter Reis. Für dieses Rezept verwenden Sie am besten Langkornreis oder Parboiled Reis. Beide Reissorten sind fest- kochende Sorten, die schön körnig bleiben. Reis als Suppeneinlage immer nur knapp gar kochen. Den gegarten Reis erst kurz vor dem Servieren in die Suppe geben – er gart in der heißen Flüssigkeit nach.

Möhrensuppe mit roten Linsen

Zubereitungszeit: 30 Minuten I Garzeit: 8–10 Minuten

4 Portionen I Pro Portion: E: 7 g, F: 4 g, Kh: 16 g, kJ: 567, kcal: 135 I Raffiniert – schnell

Zutaten

750 g Möhren

10 g Ingwerwurzel

1 rote Peperoni

1 ½ EL Speiseöl

90 g getrocknete, rote Linsen

frisch gemahlener Pfeffer

1 Msp. gemahlener Kardamom

650 ml Gemüsebrühe

6 Blättchen Minze

Salz

frisch geriebene Muskatnuss

Zubereitung

1 Möhren putzen, schälen, abspülen, abtropfen lassen und in kleine Würfel schneiden. Ingwer schälen und klein würfeln. Peperoni längs aufschneiden, entkernen, abspülen, trocken tupfen und in feine Streifen schneiden.

2 Speiseöl in einem Topf erhitzen. Möhren-, Ingwerwürfel und Peperonistreifen darin etwa 5 Minuten unter gelegentlichem Rühren andünsten.

3 Linsen, Pfeffer und Kardamom hinzufügen und etwa 2 Minuten mit andünsten. Brühe hinzugießen. Die Zutaten zum Kochen bringen und zugedeckt 8–10 Minuten bei schwacher Hitze leicht köcheln lassen.

4 In der Zwischenzeit die Minzeblättchen waschen, trocken tupfen und in feine Streifen schneiden. Die Suppe mit Salz und Muskat abschmecken.

5 Die Suppe in Suppentassen füllen und mit Minzeblättchen garniert servieren.

Tipp

Minze übrig? Kein Problem – sie schmeckt gut im selbst gemachten Tee. Dafür die restlichen Minzblättchen mit Stielen waschen und trocken tupfen. Minzstiele in eine Teekanne geben, mit kochendem Wasser überbrühen und 5–8 Minuten ziehen lassen. Den Tee dann abseihen.

Tomatensuppe mit Käsecroûtons

Zubereitungszeit: 30 Minuten | Garzeit: etwa 15 Minuten | Backzeit: etwa 6 Minuten

4 Portionen | Pro Portion: E: 6 g, F: 12 g, Kh: 15 g, kJ: 821, kcal: 195 | Schnell zubereitet – gefriergeeignet

Für die Suppe:

1,2 kg Fleischtomaten

2 Zwiebeln

1 Knoblauchzehe

2 EL Speiseöl

650 ml Gemüsebrühe

½ TL Salz

frisch gemahlener Pfeffer

½–1 EL Balsamico-Essig

1 Prise Zucker

1–2 EL gehacktes Basilikum

Für die Käsecroûtons:

20 g weiche Butter

Salz

frisch gemahlener Pfeffer

etwas gerebelter Thymian

1 TL gehacktes Basilikum

2 Scheiben Toastbrot

1–2 EL frisch geriebener Parmesan

1 Für die Suppe Tomaten waschen, abtrocknen, halbieren und die Stängelansätze herausschneiden. Tomaten grob würfeln. Zwiebeln und Knoblauch abziehen und in feine Würfel schneiden. Öl in einem Topf erhitzen und Zwiebel- und Knoblauchwürfel darin andünsten.

2 Tomatenstücke hinzugeben und unter mehrmaligem Wenden kurz mit andünsten. Brühe hinzugießen und mit Salz und Pfeffer würzen. Die Zutaten zum Kochen bringen und zugedeckt etwa 15 Minuten leicht köcheln lassen, bis die Tomaten zerfallen sind. Die Suppe pürieren und durch ein Sieb passieren, um Kerne und Fruchtschalen zu entfernen.

3 Den Backofen vorheizen.
Ober-/Unterhitze: etwa 240 °C
Heißluft: etwa 220 °C

4 Für die Käsecroûtons Butter in ein Schälchen geben und mit Salz, Pfeffer, Thymian und Basilikum glatt rühren. Toastbrote mit der Basilikumbutter bestreichen, auf ein Backblech legen und in den vorgeheizten Backofen schieben. Toastbrote etwa 3 Minuten backen.

5 Toastbrote herausnehmen und mit Parmesan bestreuen. Toastbrote wieder in den Backofen schieben und 2–3 Minuten weiterbacken, bis der Käse zerlaufen ist. Toastbrote herausnehmen, etwas abkühlen lassen, in kleine Würfel schneiden und beiseitestellen.

6 Die Suppe nochmals kurz erhitzen und mit Salz, Pfeffer, Balsamico-Essig und Zucker abschmecken. Die Suppe mit Basilikum und Käsecroûtons anrichten.

Tipp

Fleischtomaten schmecken im Sommer besonders aromatisch. Wenn Sie keine Fleischtomaten bekommen, so verwenden Sie runde Tomaten. Diese sind nicht so schnittfest und schmecken nicht so süß. Für das Rezept dann 1–2 Prisen Zucker mehr verwenden.

Die Tomatensuppe lässt sich prima auf Vorrat einfrieren. Die Suppe nach dem Auftauen frisch abschmecken und die Croûtons zubereiten.

Die Suppe statt mit Käsecroûtons mit je einem Klecks Crème fraîche oder je einem Teelöffel grünem Pesto servieren.

Kräuter-Pilz-Suppe

Zubereitungszeit: 40 Minuten | Garzeit: etwa 10 Minuten

4 Portionen | Pro Portion: E: 6 g, F: 6 g, Kh: 3 g, kJ: 387, kcal: 93 | Vegetarisch

Zutaten

1 Zwiebel

1 Knoblauchzehe

3 Stangen Staudensellerie
(etwa 200 g)

300 g Champignons

200 g Austernpilze

1 Bund Petersilie

2 EL Olivenöl

800 ml Gemüsebrühe

1 TL gerebelter Thymian

Salz

frisch gemahlener Pfeffer

Cayennepfeffer

1–2 EL Zitronensaft

evtl. 4 EL Joghurt

Zubereitung

1 Zwiebel und Knoblauch abziehen, in kleine Würfel schneiden. Den Staudensellerie putzen und die harten Außenfäden abziehen. Selleriestangen waschen, abtropfen lassen und in feine Scheiben schneiden.

2 Die Pilze putzen, mit Küchenpapier abreiben, eventuell abspülen und trocken tupfen. Champignons in Scheiben und Austernpilze in Streifen schneiden. Die Petersilie abspülen und trocken tupfen. Die Blättchen von den Stängeln zupfen. Blättchen klein schneiden und beiseitelegen.

3 Das Olivenöl in einem Topf erhitzen. Die Zwiebel-, Knoblauchwürfel und Selleriescheiben darin etwa 3 Minuten unter gelegentlichem Rühren andünsten. Champignonscheiben und Austernpilzstreifen hinzugeben und unter Rühren weitere etwa 3 Minuten dünsten.

4 Die Brühe hinzugießen. Beiseitegelegte Petersilie unterrühren. Mit Thymian, Salz und Pfeffer würzen. Die Zutaten zum Kochen bringen und zugedeckt etwa 10 Minuten bei schwacher Hitze leicht köcheln lassen.

5 Die Kräuter-Pilz-Suppe mit Cayennepfeffer und Zitronensaft abschmecken. Die Suppe in 4 Schalen verteilen und nach Belieben je 1 Esslöffel Joghurt daraufgeben.

Tipp

Je nach Geschmack können Sie auch Pfifferlinge mit Champignons oder Steinpilze mit Kräutersaitlingen kombinieren.

Ratatouille-Suppe

Zubereitungszeit: 30 Minuten I Garzeit: 15–20 Minuten

4 Portionen I Pro Portion: E: 3 g, F: 8 g, Kh: 8 g, kJ: 504, kcal: 120 I Raffiniert

Zutaten

1 Aubergine (etwa 200 g)

1 Zucchini (etwa 200 g)

1 Gemüsezwiebel (etwa 100 g)

1 Knoblauchzehe

je ½ rote und gelbe Paprikaschote

einige Stängel Thymian

3 EL Olivenöl

500 ml (½ l) Gemüsebrühe

1 Dose geschälte Tomaten
(Einwaage 400 g)

1–2 TL gerebelte Kräuter der
Provence

1–2 TL Tomatenmark

Salz

frisch gemahlener Pfeffer

Paprikapulver edelsüß

Zubereitung

1 Die Aubergine und Zucchini waschen, abtrocknen und Stängelansatz bzw. Enden abschneiden. Aubergine und Zucchini in dünne Scheiben schneiden. Die Auberginenscheiben nochmals vierteln. Gemüsezwiebel abziehen, halbieren und würfeln. Knoblauch abziehen und in kleine Würfel schneiden.

2 Paprikaschotenhälften entstielen, entkernen und die weißen Scheidewände entfernen. Schotenhälften waschen, abtropfen lassen und in Streifen schneiden. Thymian abspülen und trocken tupfen. Die Blättchen von den Stängeln zupfen.

3 Olivenöl in einem Topf erhitzen und Zwiebel- und Knoblauchwürfel darin andünsten. Geviertelte Auberginenscheiben und Paprikastreifen hinzugeben, mitdünsten lassen. Brühe hinzugießen, zum Kochen bringen und die Zutaten etwa 10 Minuten garen. Tomaten mit der Flüssigkeit, Zucchinischeiben, Kräuter der Provence und Thymianblättchen hinzufügen. Die Zutaten wieder zum Kochen bringen. Den Eintopf weitere 5–10 Minuten bei schwacher Hitze kochen lassen.

4 Dann den Eintopf mit Tomatenmark, Salz, Pfeffer und Paprika abschmecken.

Beilage: Mit Käse überbackene Baguettescheiben. Dafür 4 Baguettescheiben auf ein mit Backpapier belegtes Backblech legen und mit 50 g frisch geriebenem Parmesan-Käse bestreuen. Dann das Backblech in den vorgeheizten Backofen schieben. Die Baguettescheiben bei Ober-/Unterhitze: etwa 200 °C überbacken, bis der Käse goldbraun ist.

Tipp

Frisches Thymiankraut gibt es am besten in den Sommermonaten von Juni bis September. Ersatzweise nehmen Sie für das Rezept gerebelten Thymian (etwa 1 Teelöffel). Die Suppe mit Balsamico-Essig abschmecken.

Gemüsesuppe mit Basilikumpesto

Zubereitungszeit: 35 Minuten I Garzeit: etwa 10 Minuten

4 Portionen I Pro Portion: E: 6 g, F: 20 g, Kh: 5 g, kJ: 929, kcal: 222 I Schnell

Für die Suppe:

2 Stangen Porree
(Lauch, etwa 350 g)

4 Stangen Staudensellerie
(etwa 300 g)

4 Möhren (etwa 350 g)

40 g Butter oder Margarine

1 l Gemüsebrühe

Salz

frisch gemahlener Pfeffer

Für das Basilikumpesto:

1 kleines Bund Basilikum

40 g frisch geriebener
Parmesan-Käse

1 Knoblauchzehe

3 EL Olivenöl

1 Für die Suppe Porree putzen, die Stangen längs halbieren, gründlich waschen und abtropfen lassen. Porree in feine Streifen schneiden. Staudensellerie putzen und die harten Außenfäden abziehen. Selleriestangen waschen, abtropfen lassen und dann in feine Scheiben schneiden. Möhren putzen, schälen, abspülen, abtropfen lassen und in dünne Stifte schneiden.

2 Butter oder Margarine in einem Topf zerlassen. Porreestreifen, Selleriescheiben und Möhrenstifte darin etwa 4 Minuten unter gelegentlichem Rühren andünsten. Brühe hinzugießen. Mit Salz und Pfeffer würzen. Die Zutaten zum Kochen bringen und zugedeckt etwa 10 Minuten bei schwacher Hitze leicht köcheln lassen.

3 In der Zwischenzeit für das Pesto Basilikum abspülen, trocken tupfen. Die Blättchen von den Stängeln zupfen. Blättchen mit Parmesan-Käse in einen elektrischen Zerkleinerer geben. Knoblauch abziehen und hinzugeben. Die Zutaten fein pürieren. Basilikummasse herausnehmen und in einer kleinen Schüssel mit Olivenöl glatt rühren. Das Pesto mit Salz und Pfeffer würzen.

4 Die Gemüsesuppe mit Salz und Pfeffer abschmecken. Basilikumpesto zu der Suppe reichen.

Beilage: Ofenfrisches Baguette.

Tipp

Basilikumpesto gibt es auch fertig zu kaufen – das spart Zeit.
Statt im elektrischen Zerkleinerer können Sie das Pesto auch gut im Rührbecher mit einem Stabmixer fein pürieren.
Verwenden Sie statt des angegebenen Gemüses Kohlrabi, Blumenkohl, Paprika, Zucchini, Frühlingszwiebeln, Knollensellerie oder Fenchel.

Kartoffelschaumsuppe

Zubereitungszeit: 35 Minuten | Garzeit: etwa 30 Minuten

4 Portionen | Pro Portion: E: 14 g, F: 20 g, Kh: 23 g, kJ: 1490, kcal: 356 | Mit Alkohol

Zutaten

150 g Zwiebeln

600 g mehligkochende Kartoffeln

1 ½ EL Butter oder Margarine

100 ml trockener Weißwein (ersatzweise Buttermilch)

200 ml Buttermilch

750 ml (¾ l) Gemüsebrühe

Salz

frisch gemahlener Pfeffer

1 TL gerebelter Rosmarin

1 TL gerebelter Thymian

½ TL gerebeltes Basilikum

125 g Schlagsahne

Zubereitung

1 Zwiebeln abziehen und in kleine Würfel schneiden. Die Kartoffeln schälen, abspülen, abtropfen lassen und in kleine Würfel schneiden. Die Butter oder Margarine in einem Topf zerlassen und die Zwiebel- und Kartoffelwürfel darin etwa 5 Minuten unter gelegentlichem Rühren andünsten.

2 Weißwein, Buttermilch und die Brühe hinzugießen. Mit Salz und Pfeffer würzen. Die Zutaten zum Kochen bringen und zugedeckt etwa 30 Minuten bei schwacher Hitze leicht köcheln lassen.

3 Etwa 5 Minuten vor Ende der Garzeit Rosmarin, Thymian und Basilikum zur Suppe geben. Sahne steif schlagen und kalt stellen.

4 Die Suppeneinlage (Kartoffeln) in der Suppe mit dem Kartoffelstampfer etwas zerdrücken, bis die Suppe sämig wird (ein Teil der Kartoffelwürfel kann erhalten bleiben). Die Sahne vorsichtig unter die Suppe rühren. Anschließend die Suppe eventuell nochmals abschmecken.

Variante: Kartoffelschaumsuppe mit Krabben. 100 g Krabbenfleisch und 2 hart gekochte, in Würfel geschnittene Eier sowie Grissini-Stangen separat zur Suppe reichen.

Tipp

Die Kartoffelsuppe mit dem Kartoffelstampfer und nicht mit dem Pürierstab pürieren – sie wird sonst nicht sämig.
Statt der einzelnen getrockneten Kräuter können Sie auch 2–3 Teelöffel Fertigmischung „Kräuter der Provence" oder „Italienische Kräuter" verwenden.

Exotisches Currysüppchen

Zubereitungszeit: 30 Minuten | Garzeit: etwa 5 Minuten
4 Portionen | Pro Portion: E: 3 g, F: 19 g, Kh: 14 g, kJ: 1007, kcal: 243 | Schnell

Für die Suppe:

2 Schalotten

2 Knoblauchzehen

2 Stängel Zitronengras
(erhältlich im Asialaden)

2 grüne Chilischoten

½ Bund Koriander

2–3 EL Speiseöl

4 TL grüne Currypaste
(erhältlich im Asialaden)

250 ml (¼ l) ungesüßte Kokosmilch

750 ml (¾ l) Hühnerbrühe

Salz

Für die Einlage:

1 rote Chilischote

1 kleiner roter Apfel

Saft von 1 Limette

½ kleine Mango

1 Für die Suppe die Schalotten und den Knoblauch abziehen, in kleine Würfel schneiden. Zitronengras abspülen, trocken tupfen und in etwa 3 cm lange Stücke schneiden.

2 Chilischoten längs halbieren, entstielen und entkernen. Schotenhälften waschen, abtropfen lassen und klein würfeln.

3 Koriander abspülen, trocken tupfen und einige Stängel zum Garnieren beiseitelegen. Von den restlichen Stängeln die Blättchen abzupfen und klein schneiden.

4 Speiseöl in einem Wok erhitzen. Schalotten-, Knoblauch- und Chiliwürfel darin andünsten. Die Currypaste hinzugeben und kurz mit andünsten.

5 Kokosmilch und Hühnerbrühe hinzugießen. Den geschnittenen Koriander unterrühren. Mit Salz würzen. Die Suppe zum Kochen bringen und etwa 5 Minuten bei schwacher Hitze kochen lassen.

6 Für die Einlage in der Zwischenzeit die Chilischote längs halbieren, entstielen und entkernen. Schotenhälften waschen, abtropfen lassen und klein würfeln. Den Apfel waschen, abtrocknen, halbieren und entkernen. Apfelhälften mit der Schale in kleine Würfel schneiden und mit Limettensaft beträufeln. Von der Mangohälfte den Stein herauslösen. Die Mangohälfte schälen und ebenfalls klein würfeln.

7 Zitronengrasstücke aus der Suppe nehmen. Die Suppe nochmals mit den Gewürzen abschmecken. Die heiße Suppe in 4 Schalen oder Teller geben. Chiliwürfel, Apfel- und Mangowürfel in den Schalen oder Tellern verteilen. Die Suppe mit den beiseitegelegten Korianderstängeln garnieren.

Das Currysüppchen eignet sich gut als Vorspeise. Anstatt in einem Wok können Sie die Suppe auch in einem weiten Topf zubereiten. Die Kochzeiten ändern sich dadurch nicht. Zitronengras wird in Asien zwar mitserviert, ist aber in Stücken nicht zum Verzehr gedacht. Das Zitronengras möglichst frisch kaufen oder ersatzweise getrocknetes Zitronengras (Gewürzregal) verwenden.
Für Vegetarier können Sie Gemüsebrühe anstelle von Hühnerbrühe verwenden.
Currypasten gibt es in rot, grün und gelb – außerdem von mild bis scharf, wobei bereits die „milde" Sorte für ungeübte Europäer ganz schön feurig schmeckt. Angebrochene Currypasten halten im Kühlschrank mehrere Monate.

Bunte Dinkelsuppe mit Blumenkohl

Zubereitungszeit: 30 Minuten, ohne Quellzeit | Garzeit: etwa 30 Minuten
4 Portionen | Pro Portion: E: 6 g, F: 4 g, Kh: 15 g, kJ: 525, kcal: 125 | Gut vorzubereiten

Zum Vorbereiten:

60 g Dinkelkörner

250 ml (¼ l) Wasser

½ Blumenkohl (etwa 600 g)

1 Zwiebel

1 Bund Suppengrün
(Knollensellerie, Möhre, Porree)

1–2 EL Speiseöl

600 ml Gemüsebrühe

1 TL gemahlener Liebstöckel

Salz

frisch gemahlener Pfeffer

TK-Petersilie

1 Zum Vorbereiten den Dinkel in einen kleinen Topf geben, mit dem Wasser übergießen und über Nacht quellen lassen.

2 Den gequollenen Dinkel mit dem Einweichwasser in einem Topf zum Kochen bringen und zugedeckt etwa 20 Minuten bei schwacher Hitze leicht kochen lassen, bis der Dinkel gar ist. Dinkel auf ein Sieb geben, abtropfen lassen und beiseitestellen.

3 In der Zwischenzeit von dem Blumenkohl Blätter und schlechte Stellen entfernen. Dann den Strunk abschneiden. Den Blumenkohl in kleine Röschen teilen, waschen und abtropfen lassen. Zwiebel abziehen und in kleine Würfel schneiden.

4 Sellerie und Möhre putzen, schälen, abspülen, abtropfen lassen und in Würfel schneiden. Porree putzen, die Stange längs halbieren, gründlich waschen, abtropfen lassen und in kleine Stücke schneiden.

5 Das Speiseöl in einem großen Topf erhitzen. Die Zwiebelwürfel darin andünsten. Sellerie-, Möhrenwürfel und Porreestücke hinzugeben, unter mehrmaligem Wenden mit andünsten. Blumenkohlröschen hinzufügen und Brühe hinzugießen. Mit Liebstöckel, Salz und Pfeffer würzen. Die Zutaten zum Kochen bringen und zugedeckt 10–12 Minuten bei schwacher Hitze leicht kochen lassen, bis das Gemüse gar ist.

6 Beiseitegestellten Dinkel in die Suppe geben. Die Suppe nochmals kurz erhitzen, mit Liebstöckel, Salz und Pfeffer abschmecken. Die Suppe in Suppentassen verteilen und mit Petersilie bestreuen.

Variante: Dinkelsuppe mit Kohlrabi (4 Portionen). Kohlrabi (2 Stück, etwa 500 g) putzen, schälen, abspülen, abtropfen lassen und in Streifen schneiden. Kohlrabistreifen statt Blumenkohlröschen in der Suppe garen.

Tipp

Die Suppe eignet sich auch gut zum Mitnehmen an den Arbeitsplatz. Aufgewärmt schmeckt sie noch intensiver nach Gemüse.

Süßsaure Gemüsesuppe

Zubereitungszeit: 50 Minuten | Garzeit: 5–8 Minuten

4 Portionen | Pro Portion: E: 6 g, F: 8 g, Kh: 23 g, kJ: 812, kcal: 194 | Vegetarisch

Zutaten

1 rote Peperoni

10 g Ingwerwurzel

je 1 rote und grüne Paprikaschote (je 200 g)

1 Stange Porree (Lauch, etwa 200 g)

1 kleiner Blumenkohl (etwa 650 g)

400 g Möhren

1 Kohlrabi (etwa 200 g)

3 EL Apfelessig

2 EL Sojasauce

etwa 120 g passierte Tomaten

2 EL brauner Zucker

1 gestr. EL Speisestärke

750 ml (¾ l) Gemüsebrühe

3 EL Speiseöl

8 Maiskölbchen (60 g, aus dem Glas)

Salz

frisch gemahlener Pfeffer

Zucker

Zubereitung

1 Peperoni längs aufschneiden, entkernen, abspülen, trocken tupfen und in feine Streifen schneiden. Ingwer schälen und fein würfeln.

2 Paprikaschoten halbieren, entstielen, entkernen und die weißen Scheidewände entfernen. Die Schotenhälften waschen, abtropfen lassen und in schmale Streifen schneiden. Porree putzen, die Stange längs halbieren, gründlich waschen, abtropfen lassen. Den Porree in feine Streifen schneiden.

3 Die Blätter von dem Blumenkohl entfernen. Die schlechten Stellen entfernen und den Strunk abschneiden. Blumenkohl in mundgerechte Röschen teilen, waschen und abtropfen lassen. Möhren putzen, schälen, abspülen, abtropfen lassen und in dünne Streifen schneiden. Kohlrabi schälen, abspülen und abtropfen lassen. Kohlrabi vierteln und in dünne Scheiben schneiden.

4 2 Esslöffel Apfelessig mit Sojasauce, passierten Tomaten und braunem Zucker in einer Schüssel verrühren. Getrennt davon Speisestärke mit Brühe verrühren.

5 Vorbereitete Gemüsezutaten portionsweise andünsten. Dafür 1 Esslöffel Speiseöl in einem Topf erhitzen. Peperonistreifen, Ingwerwürfel, Paprika- und Porreestreifen darin etwa 2 Minuten unter gelegentlichem Rühren andünsten. Das Gemüse herausnehmen und beiseitestellen.

6 Wieder 1 Esslöffel Speiseöl in dem Topf erhitzen. Blumenkohlröschen darin etwa 3 Minuten unter gelegentlichem Rühren andünsten, herausnehmen und beiseitestellen.

7 Restliches Speiseöl in dem Topf erhitzen. Die Möhrenstreifen und Kohlrabischeiben darin etwa 3 Minuten unter gelegentlichem Rühren andünsten. Das beiseitegestellte, gedünstete Gemüse mit den Maiskölbchen wieder in den Topf geben und das gesamte Gemüse anschließend kurz weiterdünsten lassen.

8 Die Essig-Soja-Tomaten-Mischung mit der angerührten Brühe hinzugeben. Die Zutaten unter Rühren zum Kochen bringen und zugedeckt 5–8 Minuten bei schwacher Hitze leicht kochen lassen.

9 Die Suppe mit Salz, Pfeffer, 1 Esslöffel Apfelessig und 1 Prise Zucker süßsauer abschmecken.

Tipp

Mit etwa 1,2 kg TK-Gemüse (z. B. Bohnen, Erbsen, Brokkoli, Möhren) statt frischem Gemüse verringert sich die Zubereitungszeit um etwa 20 Minuten. Das TK-Gemüse muss nämlich nicht extra angedünstet werden.

Kartoffel-Gemüsetopf

Zubereitungszeit: 45 Minuten, ohne Abkühlzeit | Garzeit: etwa 30 Minuten
4 Portionen | Pro Portion: E: 8 g, F: 5 g, Kh: 25 g, kJ: 763, kcal: 182 | Beliebt

Zutaten

500 g kleine festkochende Kartoffeln

Wasser

Salz

250 g kleine weiße Champignons

100 g kleine Schalotten
(ersatzweise Perlzwiebeln)

400 g Zucchini

250 g Cocktailtomaten

400 g Staudensellerie

2 EL Speiseöl

frisch gemahlener Pfeffer

1–2 EL Rohrzucker
(ersatzweise Zucker)

1–2 EL Balsamico-Essig

1 EL Sojasauce

300 ml Gemüsebrühe

½ Bund glatte Petersilie

Zubereitung

1 Kartoffeln gründlich waschen und bürsten. Wasser mit Salz in einem Topf zum Kochen bringen. Kartoffeln hinzugeben und zugedeckt etwa 20 Minuten fast gar kochen lassen (die Kartoffeln sollten noch Biss haben). Kartoffeln abgießen, abdämpfen und abkühlen lassen.

2 In der Zwischenzeit Champignons putzen, mit Küchenpapier abreiben, eventuell abspülen und trocken tupfen. Schalotten abziehen.

3 Zucchini waschen, abtrocknen und die Enden abschneiden. Zucchini in Würfel schneiden. Cocktailtomaten waschen und abtropfen lassen, halbieren und eventuell Stängelansätze herausschneiden. Staudensellerie putzen und die harten Außenfäden abziehen. Sellerie waschen, abtropfen lassen und in Stücke schneiden.

4 Wasser mit Salz in einem Topf zum Kochen bringen. Schalotten hinzugeben und etwa 5 Minuten blanchieren. Dann Schalotten mit einem Schaumlöffel herausnehmen, auf ein Sieb geben, mit kaltem Wasser übergießen und abtropfen lassen. Salzwasser wieder zum Kochen bringen, Selleriestücke etwa 3 Minuten darin blanchieren, auf ein Sieb geben, mit kaltem Wasser übergießen und abtropfen lassen.

5 Speiseöl in einem weiten Topf oder in einer großen Pfanne erhitzen. Zuerst die Schalotten, dann Kartoffeln, Selleriestücke, Zucchiniwürfel und Champignons darin andünsten, eventuell in mehreren Portionen. Tomatenhälften hinzugeben und alles mit Salz und Pfeffer würzen. Rohrzucker darüberstreuen und unter Rühren leicht karamellisieren lassen. Essig und Sojasauce unterrühren und Brühe hinzugießen.

6 Den Gemüsetopf zum Kochen bringen und zugedeckt bei mittlerer Hitze etwa 10 Minuten kochen lassen.

7 Petersilie abspülen und trocken tupfen. Die Blättchen von den Stängeln zupfen und fein hacken. Den Gemüsetopf mit Petersilie bestreut servieren.

Tipp

Den Gemüsetopf zusätzlich mit Cashewkernen und Sesamsamen bestreuen. Balsamico-Essig reift lange in Weinfässern heran. Dabei bekommt er seine typisch braune Farbe, verliert seine scharfe Säure und entwickelt ein volles, würziges Aroma.

Gelbe Linsensuppe mit Joghurt

Zubereitungszeit: 20 Minuten | Garzeit: etwa 10 Minuten

4 Portionen | Pro Portion: E: 17 g, F: 6 g, Kh: 42 g, kJ: 1248, kcal: 298 | Exotisch

Zutaten

1 kleine Zwiebel

2 Knoblauchzehen

2 TL Speiseöl

1–2 EL Tomatenmark

¼ TL gemahlener Kreuzkümmel (Cumin)

¼ TL gemahlener Koriander

¼ TL Cayennepfeffer

200 g getrocknete, gelbe oder rote Linsen

800 ml Gemüsebrühe

1 Dose Gemüsemais (Abtropfgewicht 285 g)

30 g Rosinen

Salz

frisch gemahlener Pfeffer

1 TL frisch gepresster Zitronen- oder Limettensaft

4–6 Stängel glatte Petersilie

150 g Joghurt

Zubereitung

1 Zwiebel und Knoblauch abziehen, in kleine Würfel schneiden. Speiseöl in einem Topf erhitzen und Zwiebelwürfel darin andünsten. Knoblauchwürfel und Tomatenmark hinzugeben und kurz mitdünsten lassen. Mit Kreuzkümmel, Koriander und Cayennepfeffer würzen.

2 Linsen und Gemüsebrühe hinzugeben, zum Kochen bringen. Die Linsen zugedeckt etwa 10 Minuten nach Packungsanleitung garen und dabei gelegentlich umrühren.

3 Mais auf einem Sieb abtropfen lassen. Mais und Rosinen in die Linsensuppe geben und gut unterrühren. Die Suppe mit Salz, Pfeffer und Zitronen- oder Limettensaft abschmecken.

4 Petersilie abspülen und trocken tupfen. Die Blättchen von den Stängeln zupfen und klein schneiden. Die Suppe mit Petersilie bestreuen. Den Joghurt glatt rühren und in ein Schälchen geben.

5 Die Linsensuppe in 4 Suppentassen verteilen. Den Joghurt getrennt dazureichen.

Beilage: Ofenfrisches Baguette oder Ciabatta.

Abwandlung: Die Linsensuppe mit 3–4 Esslöffeln Schlagsahne verfeinern. Die flüssige Sahne kurz vor dem Servieren unter die gegarte Suppe rühren. Dann die Linsensuppe ohne Joghurt servieren.

Tipp

Gelbe oder rote Linsen haben nur eine kurze Garzeit, sie zerfallen sehr schnell. Deshalb die Linsen nach Packungsanleitung garen. Die roten oder gelben Linsen können durch getrocknete, braune Tellerlinsen ersetzt werden. Dann die Linsen (nach Packungsanleitung) 30–35 Minuten in der Brühe garen. Kreuzkümmel (Cumin) kommt vor allem in der arabischen und indischen Küche vor. Er ist im Geschmack etwas schärfer als der klassische Kümmel und gibt mit Koriander und Cayennepfeffer dem Gericht eine orientalische Note. Wer es noch orientalischer mag, schmeckt die Suppe vor dem Servieren nochmals mit den drei Gewürzen ab.

Curry-Linsen-Suppe mit Rosinen

Zubereitungszeit: 20 Minuten | Garzeit: 10–12 Minuten

4 Portionen | Pro Portion: E: 17 g, F: 10 g, Kh: 41 g, kJ: 1364, kcal: 326 | Exotisch

Zutaten

1 Zwiebel

1 Knoblauchzehe

30 g Butter

1 EL Currypulver

½ TL Paprikapulver edelsüß

¼ TL gemahlener Kreuzkümmel (Cumin)

Salz

frisch gemahlener Pfeffer

4 EL Tomatenmark

750 ml (¾ l) Gemüsebrühe

250 g getrocknete, gelbe oder rote Linsen

3 EL Rosinen

½ Bund glatte Petersilie

Zubereitung

1 Zwiebel und Knoblauch abziehen, in kleine Würfel schneiden. Butter in einem Topf zerlassen und Zwiebel- und Knoblauchwürfel darin andünsten.

2 Curry, Paprika, Kreuzkümmel, Salz, Pfeffer und Tomatenmark hinzufügen und kurz mit andünsten. Die Brühe hinzugießen. Linsen unter Rühren einstreuen. Anschließend die Suppe zum Kochen bringen und zugedeckt 10–12 Minuten bei schwacher Hitze köcheln lassen. Dabei gelegentlich umrühren.

3 In der Zwischenzeit Rosinen auf ein Sieb geben, mit kaltem Wasser abspülen und abtropfen lassen. Rosinen nach Ende der Garzeit in die Suppe geben. Die Suppe mit den Gewürzen abschmecken.

4 Petersilie abspülen und trocken tupfen. Die Blättchen von den Stängeln zupfen. Blättchen grob zerschneiden. Die Curry-Linsen-Suppe mit Petersilie bestreut servieren.

Tipp

Kreuzkümmel (Cumin) kommt vor allem in der indischen und arabischen Küche vor. Er ist im Geschmack schärfer als der klassische Kümmel und sorgt im Gericht für eine orientalische Note.

Brokkoli-Käse-Suppe (Foto)

Zubereitungszeit: 30 Minuten I Garzeit: etwa 5 Minuten

4 Portionen I Pro Portion: E: 9 g, F: 19 g, Kh: 9 g, kJ: 999, kcal: 240 I Schnell

Zutaten

750 g Brokkoli

800 ml Gemüsebrühe

200 g Sahne-Schmelzkäse

1 Pck. helle Sauce
(für 250 ml [¼ l] Flüssigkeit)

frisch gemahlener Pfeffer

frisch geriebene Muskatnuss

Zubereitung

1 Von dem Brokkoli die Blätter entfernen. Brokkoli in Röschen teilen. Den Strunk schälen und klein schneiden. Brokkoli waschen und abtropfen lassen. Die Gemüsebrühe in einem Topf zum Kochen bringen und Brokkoli darin etwa 5 Minuten bei mittlerer Hitze garen.

2 Dann gut ein Drittel der Brokkoliröschen mit einer Schaumkelle herausnehmen, auf ein Sieb geben, abtropfen lassen und beiseitelegen. Restlichen Brokkoli mit der Brühe pürieren. Käse hinzufügen und unter Rühren schmelzen.

3 Saucenpulver mit einem Schneebesen in die Suppe rühren. Die Suppe unter Rühren aufkochen lassen, mit Pfeffer und Muskatnuss würzen.

4 Vor dem Servieren beiseitegelegte Brokkoliröschen kurz in der Suppe erwärmen.

Tipp

Geben Sie mit den Brokkoliröschen einige Krabben oder etwas in Streifen geschnittenen Räucherlachs in die Suppe.

Schnelles Spargelsüppchen

Zubereitungszeit: 30 Minuten I Garzeit: etwa 15 Minuten

4 Portionen I Pro Portion: E: 4 g, F: 10 g, Kh: 4 g, kJ: 531, kcal: 127 I Einfach

Zutaten

500 g grüner Spargel
(Suppen- oder Bruchspargel)

700 ml Gemüse- oder Hühnerbrühe

100 g Schlagsahne

Salz, frisch gemahlener Pfeffer

Zucker

frisch geriebene Muskatnuss

Zum Bestreuen:

1 EL gehobelte Mandeln

½ Bund Schnittlauch

Zubereitung

1 Von dem Spargel nur das untere Drittel schälen und die Enden abschneiden. Spargel abspülen, abtropfen lassen und in Stücke schneiden.

2 Brühe in einem Topf zum Kochen bringen. Spargel hinzugeben, wieder zum Kochen bringen und zugedeckt in etwa 15 Minuten gar kochen.

3 Die Suppe mit einem Pürierstab fein pürieren und evtl. durch ein Sieb streichen. Sahne unterrühren. Die Suppe mit Salz, Pfeffer, Zucker und Muskat abschmecken.

4 Zum Bestreuen Mandeln in einer Pfanne ohne Fett hellbraun rösten und herausnehmen. Schnittlauch abspülen, trocken tupfen und in Röllchen schneiden.

5 Die Suppe in Suppentassen füllen. Mit Mandeln und Schnittlauchröllchen bestreut servieren.

Zucchini-Käse-Suppe (Foto)

Zubereitungszeit: 25 Minuten | Garzeit: 3–5 Minuten
4 Portionen | Pro Portion: E: 15 g, F: 26 g, Kh: 14 g, kJ: 1674, kcal: 400 | Schnell – mit Alkohol

Zutaten

500 g Zucchini

30 g Butter oder Margarine

1 Knoblauchzehe

2–3 EL Weizenmehl

750 ml (¾ l) Gemüsebrühe

200 ml trockener Weißwein

80 g Gouda-Käse

200 g Sahne-Schmelzkäse

1 Bund Dill

Salz

frisch gemahlener Pfeffer

Zubereitung

1 Zucchini waschen, abtrocknen und die Enden abschneiden. Zucchini grob raspeln. Butter oder Margarine in einem Topf zerlassen. Zucchiniraspel darin andünsten.

2 Knoblauch abziehen, durch eine Knoblauchpresse drücken und zu den Zucchiniraspeln in den Topf geben. Mehl daraufstäuben und kurz mit andünsten.

3 Brühe und Wein hinzugießen und gut unterrühren. Dabei darauf achten, dass keine Klümpchen entstehen. Die Zutaten unter Rühren zum Kochen bringen und 3–5 Minuten kochen lassen.

4 Den Käse grob reiben, mit dem Schmelzkäse in die Suppe geben und unter Rühren schmelzen lassen.

5 Dill abspülen und trocken tupfen. Die Spitzen von den Stängeln zupfen. Spitzen klein schneiden und in die Suppe geben. Die Suppe mit Salz und Pfeffer würzen.

Zucchini-Kokos-Suppe

Zubereitungszeit: 30 Minuten | Garzeit: etwa 5 Minuten
4 Portionen | Pro Portion: E: 10 g, F: 28 g, Kh: 8 g, kJ: 1319, kcal: 317 | Exotisch – schnell

Zutaten

3–4 Knoblauchzehen

2 Zwiebeln

800 g Zucchini

2 EL Speiseöl

600 ml Gemüsebrühe

400 ml ungesüßte Kokosmilch

100 g Schafkäse

1 Bund Schnittlauch

gemahlenes Zitronengras

Salz, frisch gemahlener Pfeffer

Zubereitung

1 Knoblauch und Zwiebeln abziehen, jeweils in kleine Würfel schneiden. Die Zucchini waschen, abtrocknen und die Enden abschneiden. Zucchini ebenfalls klein würfeln.

2 Jeweils etwas Speiseöl in einem großen Topf erhitzen. Die Knoblauch- und Zwiebelwürfel darin unter gelegentlichem Rühren andünsten. Die Zucchiniwürfel portionsweise hinzugeben, kurz mitdünsten lassen.

3 Gemüsebrühe und Kokosmilch hinzugießen, unter gelegentlichem Rühren zum Kochen bringen und zugedeckt etwa 5 Minuten bei schwacher Hitze kochen lassen.

4 In der Zwischenzeit den Schafkäse in kleine Würfel schneiden. Schnittlauch abspülen, trocken tupfen und in Röllchen schneiden. Schafkäsewürfel, Schnittlauchröllchen und etwas Zitronengras kurz in der Suppe erhitzen.

5 Die Suppe mit Salz, Pfeffer und eventuell Zitronengras pikant abschmecken. Die Suppe in Suppentassen füllen und heiß servieren.

Fenchelsuppe mit Knoblauchbrot

Zubereitungszeit: 25 Minuten I Garzeit: etwa 20 Minuten

4 Portionen I Pro Portion: E: 7 g, F: 7 g, Kh: 18 g, kJ: 687, kcal: 164 I Schnell – vegetarisch

Zutaten

Für die Suppe:

3–4 Schalotten (etwa 100 g)

2–3 Fenchelknollen (etwa 800 g)

2 EL Olivenöl

1 l Gemüsebrühe

Salz

frisch gemahlener Pfeffer

Für das Knoblauchbrot:

1 Knoblauchzehe

1 kleines Weißbrot, z. B. Ciabattine (100 g)

1–2 EL gehackte Petersilie

Zubereitung

1 Für die Suppe Schalotten abziehen und klein würfeln. Von den Fenchelknollen die Stiele dicht oberhalb der Knollen abschneiden, dabei etwas Fenchelgrün abzupfen und beiseitelegen. Dunkle Stellen entfernen. Die Knollen waschen, abtropfen lassen und vierteln. Fenchelviertel in Streifen schneiden.

2 Olivenöl in einem Topf erhitzen und Schalottenwürfel darin unter gelegentlichem Rühren andünsten. Fenchelstreifen hinzugeben und unter Rühren 2–3 Minuten mit andünsten. Brühe hinzugießen. Mit Salz und Pfeffer würzen. Die Zutaten zum Kochen bringen und dann zugedeckt etwa 20 Minuten bei schwacher Hitze leicht köcheln lassen. Die Suppe mit einem Stabmixer fein pürieren.

3 Den Backofen vorheizen.
Ober-/Unterhitze: etwa 200 °C
Heißluft: etwa 180 °C

4 In der Zwischenzeit für das Knoblauchbrot Knoblauch abziehen und halbieren. Das Brot in 12 dünne Scheiben schneiden. Brotscheiben auf einem Rost verteilen und in den vorgeheizten Backofen schieben. Die Brotscheiben von jeder Seite etwa 3 Minuten leicht bräunen.

5 Die Brotscheiben vom Rost nehmen und mit den Knoblauchhälften einreiben.

6 Beiseitegelegtes Fenchelgrün abspülen, trocken tupfen und klein schneiden. Die Fenchelsuppe nochmals erwärmen. Mit Salz und Pfeffer abschmecken.

7 Die Fenchelsuppe in Suppentassen anrichten. Mit Fenchelgrün und Petersilie bestreuen. Das Knoblauchbrot dazureichen.

Tipp

Statt des Weißbrots (z. B. Ciabattine) können Sie auch 100 g Stangenweißbrot oder Toastbrot zur Suppe reichen. Statt der Schalotten können Sie auch 2 Zwiebeln verwenden.

Zwiebelsuppe mit Gorgonzola

Zubereitungszeit: 35 Minuten

4 Portionen | Pro Portion: E: 39 g, F: 14 g, Kh: 19 g, kJ: 1079, kcal: 258 | Klassisch – einfach

Zutaten

500 g Zwiebeln

2 Knoblauchzehen

2–3 EL Speiseöl

1 l Hühnerbrühe

75 ml trockener Weißwein

1 EL frisch gepresster Zitronensaft

Salz

½ TL gerebelter Thymian

Cayennepfeffer

4 Scheiben Toastbrot
(ersatzweise Stangenweißbrot)

80 g Gorgonzola
(ersatzweise Roquefort)

Zubereitung

1 Zwiebeln abziehen und in feine Ringe schneiden. Knoblauch abziehen und fein würfeln. Speiseöl in einem Topf erhitzen und Zwiebelringe und Knoblauchwürfel darin goldgelb andünsten.

2 Brühe und Wein hinzugießen. Die Zutaten zum Kochen bringen und zugedeckt etwa 15 Minuten leicht köcheln lassen.

3 Aus der Suppe 4–6 Esslöffel Zwiebelringe herausnehmen und beiseitelegen. Die Suppe mit den restlichen Zwiebeln fein pürieren und mit Zitronensaft, Salz, Thymian und Cayennepfeffer abschmecken.

4 Toastbrot von beiden Seiten goldgelb toasten. Gorgonzola in Würfel schneiden und beiseitelegen.

5 Beiseitegelegte Zwiebelringe zur Suppe geben und die Suppe nochmals kurz erhitzen und eventuell abschmecken. Die Suppe auf Teller verteilen, mit fein gewürfeltem Gorgonzola anrichten und das Toastbrot dazu servieren.

Abwandlung: Zwiebelsuppe mit Parmesan. Wer keinen Gorgonzola mag, kann einfach 1–2 Esslöffel frisch geriebenen Parmesan über die fertige Suppe streuen. Servieren Sie statt des Toastbrotes Croûtons.

Tipp

Bei dieser großen Menge Zwiebeln tränen einem schnell die Augen. Deshalb die Zwiebeln unter kaltem Wasser abziehen und die Hände anschließend gründlich waschen.
Der Gorgonzola ist ein Edelpilzkäse mit weißem bis strohgelbem „Teig" und mit Edelpilzadern durchsetzt. Er ist milder im Geschmack als Roquefort. Aufgrund seines natürlichen Salzgehaltes müssen Sie die Suppe kaum salzen.

Ajvar-Zucchini-Topf (Foto)

Zubereitungszeit: 30 Minuten | Garzeit: etwa 20 Minuten

4 Portionen | Pro Portion: E: 5 g, F: 13 g, Kh: 9 g, kJ: 719, kcal: 171 | Vegetarisch

Zutaten

2 rote Zwiebeln

2 Knoblauchzehen

2 gelbe Zucchini (etwa 400 g)

2 grüne Zucchini (etwa 400 g)

4 EL Olivenöl

Salz

frisch gemahlener Pfeffer

½ Glas Ajvar (150 g, Paprikamus)

1 ½ l Gemüsebrühe

1 Bund glatte Petersilie

Zubereitung

1 Zwiebeln und Knoblauch abziehen. Zwiebeln in grobe Würfel schneiden. Den Knoblauch in Scheiben schneiden. Die Zucchini waschen, abtrocknen und die Enden abschneiden. Zucchini in Scheiben schneiden.

2 Das Olivenöl in einem Topf erhitzen. Zwiebelwürfel und Knoblauchscheiben darin andünsten. Zucchinischeiben hinzugeben und portionsweise andünsten. Mit Salz und Pfeffer würzen. Ajvar unterrühren und Gemüsebrühe hinzugießen. Den Eintopf zum Kochen bringen und etwa 20 Minuten bei schwacher Hitze kochen lassen. Den Eintopf nochmals mit den Gewürzen abschmecken.

3 Petersilie abspülen und trocken tupfen. Die Blättchen von den Stängeln zupfen und in Streifen schneiden. Den Eintopf mit Petersilienstreifen bestreuen.

Beilage: Geröstetes Fladenbrot.

Spinatsuppe

Zubereitungszeit: 30 Minuten

6 Portionen | Pro Portion: E: 15 g, F: 24 g, Kh: 13 g, kJ: 1427, kcal: 341 | Für Kinder

Zutaten

4 Scheiben Toastbrot

20 g Butter

1 Pck. (450 g) gehackter TK-Spinat

1 l Gemüsebrühe

6 Eier (Größe M)

1–2 EL Speisestärke

300 ml Milch

200 g Schlagsahne

Salz

frisch gemahlener Pfeffer

geriebene Muskatnuss

Zubereitung

1 Toastbrot entrinden und in Würfel schneiden. Butter in einem Topf zerlassen. Die Toastbrotwürfel darin unter Rühren bei mittlerer Hitze goldbraun rösten und herausnehmen.

2 Den unaufgetauten Spinat mit der Brühe in den Topf geben. Den Deckel auflegen und den Spinat bei mittlerer Hitze auftauen lassen.

3 In der Zwischenzeit Eier etwa 8 Minuten kochen, kalt abschrecken und pellen.

4 Speisestärke mit etwas von der Milch anrühren, zu der restlichen Milch geben und in die Spinat-Brühe-Mischung rühren. Sahne ebenfalls unterrühren. Die Suppe unter Rühren etwa 2 Minuten ohne Deckel kochen lassen.

5 Die Suppe mit Salz, Pfeffer und Muskat würzen. Eier in Stücke schneiden und mit den Brotwürfeln zu der Suppe servieren.

American Cornsoup (Maiscremesuppe)

Zubereitungszeit: 25 Minuten I Garzeit: 10–12 Minuten

4 Portionen I Pro Portion: E: 9 g, F: 49 g, Kh: 31 g, kJ: 2597, kcal: 621 I Für Kinder

Zutaten

2 mittelgroße Zwiebeln

2 rote Paprikaschoten

2 Dosen Gemüsemais (Abtropfgewicht je 285 g)

2 EL Butter oder Margarine

2 TL Weizenmehl

500 ml (½ l) Gemüsebrühe

500 g Schlagsahne

Salz

frisch gemahlener Pfeffer

Currypulver

Zubereitung

1 Zwiebeln abziehen und in kleine Würfel schneiden. Paprikaschoten halbieren, entstielen, entkernen und die weißen Scheidewände entfernen. Schotenhälften waschen, trocken tupfen und klein würfeln. Mais auf einem Sieb abtropfen lassen.

2 Die Butter oder Margarine in einem Topf zerlassen. Die Zwiebel- und Paprikawürfel darin andünsten. Den Mais hinzugeben und kurz mitdünsten lassen. Das angedünstete Gemüse mit Mehl bestäuben und weitere etwa 2 Minuten unter gelegentlichem Rühren dünsten.

3 Gemüsebrühe und Sahne hinzugießen. Die Zutaten zum Kochen bringen und zugedeckt 8–10 Minuten bei schwacher Hitze kochen lassen. Die Maiscremesuppe mit Salz, Pfeffer und Curry abschmecken.

Tipp

Die Maiscremesuppe vor dem Servieren mit 2–3 Esslöffeln gehackten Cashewkernen, 2 Esslöffeln gehacktem Koriander oder gehackter Petersilie bestreuen. Als Einlage können Sie auch je 4 Esslöffel Krabben- oder Flusskrebsfleisch oder Putenbruststreifen (Fertigprodukte aus dem Kühlregal) hinzufügen. Die Zutaten 2–3 Minuten vor Ende der Garzeit in die Suppe geben und miterwärmen.

Süßkartoffel-Kürbis-Topf

Zubereitungszeit: 45 Minuten, ohne Marinierzeit I Garzeit: etwa 20 Minuten

6–8 Portionen I Pro Portion: E: 12 g, F: 8 g, Kh: 33 g, kJ: 1071, kcal: 256 I Vegetarisch – exotisch

Zutaten

1 kleiner Kürbis, z. B. Hokkaido (etwa 1 kg)

4 Süßkartoffeln (etwa 800 g)

250 g kleine, rote Schalotten

2 Knoblauchzehen

2 grüne Chilischoten

2 EL Sesamöl

2 EL rote Currypaste (erhältlich im Asialaden)

2 ½ l Gemüsebrühe

4 Limettenblätter (erhältlich im Asialaden)

Salz

250 g Tofu

4 EL süße Sojasauce

1 Bund Thai-Basilikum

1 Bund Koriander

Zubereitung

1 Kürbis schälen, halbieren und die Kerne mit einem Löffel herauskratzen. Das Kürbisfleisch in grobe Würfel schneiden. Süßkartoffeln schälen, abspülen, abtropfen lassen und ebenfalls grob würfeln. Schalotten und Knoblauch abziehen. Schalotten halbieren und Knoblauch durch eine Knoblauchpresse drücken. Chilischoten abspülen, trocken tupfen und in feine Ringe schneiden.

2 Das Sesamöl in einem Topf erhitzen und Knoblauch und Chiliringe darin andünsten. Die Kürbis-, Kartoffelwürfel und Schalottenhälften portionsweise hinzugeben und mitdünsten lassen.

3 Die Currypaste unterrühren. Gemüsebrühe hinzugießen. Limettenblätter abspülen, trocken tupfen und mit 1 Teelöffel Salz hinzufügen.

4 Den Eintopf zum Kochen bringen. Die Zutaten etwa 20 Minuten bei schwacher Hitze garen.

5 Den Tofu in Würfel schneiden und in eine Schüssel geben. Mit Sojasauce beträufeln und etwa 10 Minuten marinieren. Tofuwürfel in den Eintopf geben und heiß werden lassen.

6 Basilikum und Koriander abspülen und trocken tupfen. Die Blättchen von den Stängeln zupfen. Basilikumblättchen klein schneiden.

7 Den Süßkartoffel-Kürbis-Topf vor dem Servieren mit Basilikum und Korianderblättchen bestreuen.

Blumenkohl-Frischkäse-Suppe

Zubereitungszeit: 30 Minuten | Garzeit: 10–12 Minuten

6 Portionen | Pro Portion: E: 8 g, F: 17 g, Kh: 18 g, kJ: 1128, kcal: 269 | Vegetarisch – für Kinder

Zutaten

1 Blumenkohl (1–1,2 kg)

1 l Gemüsebrühe

250 ml (¼ l) Milch

100 g Doppelrahm-Frischkäse

1–2 EL Zitronensaft

Salz

frisch geriebene Muskatnuss

4 Scheiben Weißbrot

50 ml Traubenkernöl

2–3 Stängel Kerbel

Zubereitung

1 Vom Blumenkohl die Blätter und schlechten Stellen entfernen. Den Strunk abschneiden. Blumenkohl in kleine Röschen teilen, waschen und abtropfen lassen.

2 Gemüsebrühe in einem Topf zum Kochen bringen. Die Blumenkohlröschen und Milch hinzugeben, zum Kochen bringen und zugedeckt bei schwacher Hitze 10–12 Minuten köcheln lassen.

3 Blumenkohlröschen mit der Kochflüssigkeit pürieren. Frischkäse, Zitronensaft, Salz und Muskatnuss hinzufügen, nochmals kurz pürieren oder mixen. Die Suppe erhitzen.

4 Weißbrot in kleine Würfel schneiden. Traubenkernöl in einer Pfanne erhitzen. Weißbrotwürfel darin von allen Seiten goldbraun rösten. Kerbel abspülen und trocken tupfen. Die Blättchen von den Stängeln zupfen.

5 Die Suppe in Tellern verteilen und mit Brotwürfeln und Kerbelblättchen garniert servieren.

Tipp

Blumenkohl enthält wenig Kohlenhydrate, dafür aber wichtige Mineralstoffe wie Kalium und die Vitamine K, C und Folsäure. 100 g Blumenkohl liefern nur 23 kcal. Blumenkohl sollte nach der Ernte möglichst schnell zubereitet werden, im Kühlschrank hält er sich maximal 1 Woche.

Channna Dal (Indische gelbe Erbsensuppe)

Zubereitungszeit: 15 Minuten | Garzeit: etwa 80 Minuten

4 Portionen | Pro Portion: E: 16 g, F: 15 g, Kh: 39 g, kJ: 1492, kcal: 357 | Preiswert

Zutaten

240 g getrocknete,
gelbe Schälerbsen

1 l Gemüsebrühe

2 Lorbeerblätter

½ TL gemahlener Zimt

Chilipulver

1 TL gemahlener Kardamom

40 g Butter

2 TL Currypulver

½ TL Kurkuma (Gelbwurz)

2 EL Kokosraspel

4 EL Rosinen

½ TL gemahlener Kreuzkümmel

Zubereitung

1 Schälerbsen auf ein Sieb geben, mit kaltem Wasser abspülen und abtropfen lassen. Die Schälerbsen mit der Gemüsebrühe in einem Topf zum Kochen bringen. Dabei die Brühe mehrmals mit einem Schaumlöffel abschäumen.

2 Lorbeerblätter, Zimt, Chili und Kardamom hinzugeben. Die Erbsen zugedeckt etwa 80 Minuten bei mittlerer Hitze kochen lassen, dabei ab und zu umrühren. Die Erbsen sollen weich sein und zerfallen. Die Suppe mit einem Stabmixer fein pürieren.

3 Butter in einer kleinen Pfanne zerlassen. Curry, Kurkuma und Kokosraspel hinzugeben, unter Rühren kurz andünsten. Die Butter-Kokos-Masse unter die pürierte Erbsensuppe rühren. Rosinen und Kreuzkümmel hinzugeben. Die Suppe wieder erhitzen und nach Belieben mit den Gewürzen abschmecken.

Beilage: Fladenbrot.

Abwandlung: Erbsensuppe mit Knoblauch-Crostini (4 Portionen). Dafür 1 Bund Frühlingszwiebeln putzen, waschen, abtropfen lassen und in Scheiben schneiden. 800 ml Gemüsebrühe in einem Topf erhitzen. Frühlingszwiebelscheiben hinzugeben und aufkochen lassen. 600 g TK-Erbsen unaufgetaut in die Brühe geben und wieder zum Kochen bringen. Die Erbsen zugedeckt etwa 8 Minuten bei schwacher Hitze garen. Die Erbsen mit der Brühe pürieren. 1 Becher (150 g) Crème fraîche unter die Suppe rühren. Die Suppe nach Belieben nochmals pürieren. Mit Salz und Pfeffer abschmecken. Die Suppe mit einigen abgespülten und trocken getupften Oreganoblättchen garnieren. Für die Crostini 2–3 Knoblauchzehen abziehen, halbieren und 8 Scheiben Baguette damit einreiben. 4 Esslöffel Olivenöl oder Butter in einer Pfanne erhitzen oder zerlassen. Die Baguettescheiben darin von beiden Seiten goldbraun rösten.

Tipp

Schälerbsen, z. B. Kichererbsen oder getrocknete Erbsen, müssen nicht eingeweicht werden, da die äußere harte Schale beim Schälvorgang bereits entfernt wurde. Kardamom wird bei uns vorwiegend in der Weihnachtsbäckerei verwendet und ist ein Bestandteil von Currypulver. Kardamom ist ein rötlich-graues Pulver, das vor allem aus Indien kommt. Es ist leicht scharf im Geschmack.

Brokkolicremesuppe mit Mandeln

Zubereitungszeit: 30 Minuten | Garzeit: etwa 10 Minuten

4 Portionen | Pro Portion: E: 5 g, F: 14 g, Kh: 7 g, kJ: 770, kcal: 184 | Vegetarisch – für Kinder

Zutaten

1 Zwiebel

500 g Brokkoli

1–2 EL Butter

500 ml (½ l) Gemüsebrühe

gerebelter Estragon

Salz

frisch gemahlener Pfeffer

frisch geriebene Muskatnuss

Currypulver

Zucker

3 EL Crème fraîche

2 EL gehobelte, geröstete Mandeln

1–2 EL gehackte Petersilie

Zubereitung

1 Die Zwiebel abziehen und in kleine Würfel schneiden. Von dem Brokkoli die Blätter entfernen und die Stängel am Strunk schälen. Brokkoli waschen, abtropfen lassen und in Röschen teilen. Die Stängel klein schneiden.

2 Butter in einem Topf zerlassen und Zwiebelwürfel darin glasig dünsten. Brokkoliröschen und -stücke hinzugeben und mitdünsten lassen. Die Brühe hinzugießen. Mit Estragon, Salz, Pfeffer, Muskat, Curry und Zucker würzen. Die Zutaten zum Kochen bringen und etwa 10 Minuten kochen lassen. Den Topf von der Kochstelle nehmen.

3 Die Suppe im Mixer oder mit einem Stabmixer pürieren und Crème fraîche unterrühren. Die Suppe nochmals erhitzen und mit den Gewürzen abschmecken.

4 Die Suppe in Suppentassen anrichten. Mit Mandeln und Petersilie bestreut servieren.

Tipp

Die Suppe zusätzlich mit je 1 Teelöffel Crème fraîche garnieren.

Frühlingszwiebelsuppe mit Käse-Kräuter-Bällchen

Zubereitungszeit: 70 Minuten | Garzeit Suppe: etwa 20 Minuten | Garzeit Kräuterbällchen: etwa 5 Minuten

8–10 Portionen | Pro Portion: E: 11 g, F: 25 g, Kh: 27 g, kJ: 1707, kcal: 408 | Mit Alkohol

Für die Käse-Kräuter-Bällchen:

2 Brötchen (Semmeln) vom Vortag

200 g Gouda-Käse, im Stück

1 Bund Petersilie

1 Ei (Größe M)

20 g Speisestärke

80 g Semmelbrösel

Salz

frisch gemahlener Pfeffer

frisch geriebene Muskatnuss

heißes Salzwasser

Für die Suppe:

4 Bund Frühlingszwiebeln
(etwa 1 kg)

100 g Butter

3 EL Weizenmehl

200 ml trockener Weißwein

1 ½ l Gemüsebrühe

3 Tomaten (etwa 250 g)

200 g Schlagsahne

1 Für die Bällchen die Brötchen in kaltem Wasser einweichen. Käse in Würfel schneiden. Petersilie abspülen und trocken tupfen. Die Blättchen von den Stängeln zupfen und sehr klein schneiden.

2 Das eingeweichte Brötchen sehr gut ausdrücken und in eine Schüssel geben. Ei, Speisestärke, Semmelbrösel und Petersilie gut unterarbeiten. Mit Salz, Pfeffer und Muskat würzen.

3 Aus der Masse mit angefeuchteten Händen kleine Bällchen formen, dabei je einen Käsewürfel mit einarbeiten. Die Bällchen in siedendem Salzwasser etwa 5 Minuten gar ziehen lassen, bis sie an der Oberfläche schwimmen. Die Bällchen mit einem Schaumlöffel herausnehmen und beiseitelegen.

4 Für die Suppe Frühlingszwiebeln putzen, waschen, abtropfen lassen und in Scheiben schneiden. Butter in einem Topf zerlassen und Zwiebelscheiben darin andünsten. Mit Mehl bestäuben, unter Rühren so lange erhitzen, bis das Mehl hellgelb ist.

5 Wein und Brühe hinzugießen. Mit einem Schneebesen durchschlagen. Dabei darauf achten, dass keine Klümpchen entstehen. Die Weinbrühe zum Kochen bringen und etwa 15 Minuten bei schwacher Hitze kochen lassen.

6 Tomaten waschen, abtropfen lassen, kreuzweise einschneiden, kurz in kochendes Wasser legen und in kaltem Wasser abschrecken. Tomaten enthäuten und Stängelansätze herausschneiden. Tomaten halbieren, entkernen und in Würfel schneiden. Tomatenwürfel und Sahne in die Suppe geben und miterhitzen. Die Suppe mit Salz und Pfeffer würzen.

7 Vor dem Servieren die beiseitegelegten Käse-Kräuter-Bällchen in die Suppe geben und miterhitzen.

Tipp

Formen Sie anfangs nur 1 Käsebällchen und geben es in das siedende Wasser. Falls es auseinanderfällt, noch 20 g Semmelbrösel unter die Masse kneten.

Gemüsetopf mit Brätbällchen (Titelrezept)

Zubereitungszeit: 25 Minuten | Garzeit: 15–20 Minuten
4 Portionen | Pro Portion: E: 15 g, F: 30 g, Kh: 23 g, kJ: 1740, kcal: 416 | Einfach

Zutaten

1 ½ l Fleischbrühe

2 feine, frische Bratwürste
(je etwa 150 g)

1 Bund Frühlingszwiebeln

2 dicke Möhren (etwa 300 g)

2 große Kartoffeln (etwa 400 g)

2 Kohlrabi

4 EL Speiseöl, z. B. Olivenöl

Salz

frisch gemahlener Pfeffer

Zubereitung

1 Fleischbrühe in einem Topf zum Kochen bringen. Den Topf dann von der Kochstelle nehmen.

2 Die Bratwurstmasse aus der Haut drücken. Daraus kleine Klößchen formen und in die heiße Brühe geben oder direkt aus der Bratwurst kleine Klöße in die heiße Brühe drücken. Die Klößchen in der Brühe gar ziehen lassen.

3 In der Zwischenzeit Frühlingszwiebeln putzen, abspülen und abtropfen lassen. Das dunkle Grün abschneiden und beiseitelegen. Die restlichen Stücke in etwa 1 cm dicke Scheiben schneiden.

4 Möhren putzen. Kartoffeln, Möhren und Kohlrabi schälen, abspülen, abtropfen lassen und in 1 cm große Würfel schneiden.

5 Speiseöl in einem Topf erhitzen. Das Gemüse unter Rühren darin andünsten. Die Fleischbrühe mit den Klößchen hinzugießen. Das Ganze zum Kochen bringen. Die Suppe zugedeckt 15–20 Minuten bei mittlerer Hitze kochen.

6 Die Suppe evtl. nochmals würzen. Das beiseitegelegte Grün der Frühlingszwiebeln in feine Ringe schneiden. Den Eintopf mit den Frühlingszwiebelringen bestreuen und servieren.

Hüttensuppe

Zubereitungszeit: 20 Minuten | Garzeit: 15 Minuten
4 Portionen | Pro Portion: E: 14 g, F: 19 g, Kh: 25 g, kJ: 1410, kcal: 336 | Schnell

Zutaten

1 Zwiebel

4 Scheiben Frühstücksspeck (Bacon)

600 g festkochende Kartoffeln

200 g grüne Bohnen

2 EL Butter

200 g TK-Suppengemüse

1,2 l Fleischbrühe

Salz, frisch gemahlener Pfeffer

1 Bund Schnittlauch

100 g geraspelter Greyerzer-Käse

Zubereitung

1 Die Zwiebel abziehen, in dünne Scheiben schneiden und diese dann in Ringe teilen. Den Frühstücksspeck in Streifen schneiden.

2 Die Kartoffeln schälen, abspülen, abtropfen lassen und in 2 cm große Würfel schneiden.

3 Von den Bohnen die Enden abschneiden, evtl. Fäden abziehen. Bohnen abspülen, abtropfen lassen und in Stücke schneiden.

4 Butter in einem Topf zerlassen. Zwiebelringe und Speckstreifen darin andünsten. Dann Kartoffelwürfel, Bohnen und Suppengemüse in den Topf geben.

5 Fleischbrühe hinzugießen. Das Ganze zum Kochen bringen und mit Salz und Pfeffer würzen. Die Suppe zugedeckt etwa 15 Minuten bei mittlerer Hitze kochen.

6 Schnittlauch abspülen, trocken tupfen und in Röllchen schneiden. Die Suppe evtl. nochmals abschmecken, mit Schnittlauchröllchen und Käse bestreut servieren.

Chinesische Gemüsesuppe mit Hackfleischbällchen

Zubereitungszeit: 50 Minuten | Garzeit: 10–13 Minuten
4 Portionen | Pro Portion: E: 14 g, F: 15 g, Kh: 17 g, kJ: 1074, kcal: 257 | Raffiniert

Zutaten

1 Zwiebel

10 g Ingwerwurzel

400 g Möhren

1 Stange Porree (Lauch, etwa 200 g)

1 rote Paprikaschote (etwa 200 g)

1 kleiner Knollensellerie (etwa 200 g)

300 g Chinakohl

100 g Sprossen-Mix oder Soja-bohnensprossen

Für die Hackfleischbällchen:

10 g Ingwerwurzel

200 g Schweinegehacktes

Salz

2 EL Speisestärke

½ EL Wasser

1–2 EL Speiseöl

1 l Gemüsebrühe

2–3 TL Sojasauce

frisch gemahlener Pfeffer

etwa ½ TL Chinagewürz

Zubereitung

1 Zwiebel abziehen und in kleine Würfel schneiden. Ingwer schälen, abspülen, abtropfen lassen und ebenfalls klein würfeln. Möhren putzen, schälen, abspülen, abtropfen lassen und dann schräg in dünne Scheiben schneiden. Porree putzen, die Stange längs halbieren, gründlich waschen und abtropfen lassen. 20 g Porree (ein etwa 4 cm kurzes Stück) für die Hackfleischbällchen beiseitelegen. Restlichen Porree in feine Streifen schneiden.

2 Paprikaschote halbieren, entstielen, entkernen und die weißen Scheidewände entfernen. Schotenhälften waschen, abtropfen lassen und in schmale Streifen schneiden. Sellerie schälen, abspülen, abtropfen lassen und in Rauten schneiden. Dafür Sellerie zuerst in dünne Scheiben, dann jede Scheibe schräg und längs in etwa 1 ½ cm breite Stücke schneiden.

3 Chinakohl putzen, den Kohl vierteln und den Strunk herausschneiden. Kohlviertel waschen, abtropfen lassen und in schmale Streifen schneiden. Die Sprossen auf ein Sieb geben, mit kochendem Wasser übergießen, abtropfen lassen und beiseitestellen.

4 Für die Hackfleischbällchen den beiseitegelegten Porree klein scheiden. Den Ingwer schälen, abspülen und ebenfalls klein schneiden. Das Gehackte in eine Rührschüssel geben. Porree-, Ingwerstückchen, Salz, Speisestärke und Wasser hinzufügen. Die Zutaten mit Handrührgerät mit Knethaken zunächst kurz auf niedrigster, dann auf höchster Stufe gut durcharbeiten.

5 Aus dem Fleischteig mit angefeuchteten Händen etwa 20 walnussgroße Bällchen formen und beiseitestellen.

6 Speiseöl in einem Topf erhitzen. Zwiebel- und Ingwerwürfel darin andünsten. Möhren-scheiben, Porree-, Paprikastreifen und Sellerierauten hinzufügen und mitdünsten lassen. Die Brühe hinzugießen. Die Zutaten zum Kochen bringen und zugedeckt etwa 5 Minuten garen lassen.

7 Chinakohlstreifen, Sprossen und Hackfleischbällchen in die Suppe geben, wieder zum Kochen bringen und weitere 5–7 Minuten garen, dabei gelegentlich umrühren. Die Suppe vor dem Servieren mit Sojasauce, Salz, Pfeffer und Chinagewürz abschmecken.

Französischer Gemüseeintopf

Zubereitungszeit: 50 Minuten, ohne Abkühlzeit | Garzeit: etwa 2 Stunden
4 Portionen | Pro Portion: E: 23 g, F: 10 g, Kh: 7 g, kJ: 881, kcal: 210 | Klassisch – für Kinder

Zutaten

1 Bund Suppengrün
(Knollensellerie, Möhre, Porree)

400 g mageres Suppenfleisch
(vom Rind)

1 ½ l Wasser

1 TL Gemüsebrühe (Instant)

Salz

5 schwarze Pfefferkörner

1 Knoblauchzehe

1 Zwiebel

1 Peperoni

1 Zucchini (etwa 200 g)

1 rote Paprikaschote (etwa 200 g)

1 kleine Aubergine (etwa 250 g)

3 Tomaten (etwa 200 g)

2 EL Olivenöl

1 TL Tomatenmark

½ TL gerebelter Thymian

½ TL gerebelter Rosmarin

½ TL gerebeltes Basilikum

Zubereitung

1 Von dem Suppengrün Sellerie schälen, abspülen und abtropfen lassen. Möhre putzen, schälen, abspülen und abtropfen lassen. Porree putzen, die Stange längs halbieren, gründlich waschen und abtropfen lassen. Möhre, Sellerie und Porree in mundgerechte Stücke schneiden.

2 Suppenfleisch mit Küchenpapier trocken tupfen. Das Fleisch mit dem vorbereiteten Suppengrün in einen Topf geben. Wasser hinzugießen. Gemüsebrühe, ½ Teelöffel Salz und Pfefferkörner hinzugeben. Die Zutaten zum Kochen bringen und zugedeckt etwa 90 Minuten leicht köcheln lassen.

3 Das Fleisch mit einer Schaumkelle aus der Brühe nehmen, etwas abkühlen lassen und in kleine Stücke schneiden. Die Brühe mit dem Suppengrün durch ein Sieb gießen. Die Brühe dabei auffangen und beiseitestellen.

4 Knoblauch abziehen und klein würfeln. Zwiebel abziehen, halbieren und in dünne Streifen schneiden. Peperoni waschen, abtrocknen, längs aufschneiden und entkernen. Schote in feine Streifen schneiden.

5 Zucchini waschen, abtrocknen und die Enden abschneiden. Zucchini längs halbieren und in dünne Scheiben schneiden. Paprikaschote halbieren, entstielen, entkernen und die weißen Scheidewände entfernen. Schotenhälften waschen, abtropfen lassen und in dünne Streifen schneiden.

6 Aubergine waschen, abtrocknen und den Stängelansatz entfernen. Aubergine der Länge nach halbieren. Auberginenhälften längs dritteln, dann jeden Streifen in schmale Stücke schneiden. Tomaten waschen, kreuzweise einschneiden, kurz in kochendes Wasser legen und in kaltem Wasser abschrecken. Tomaten enthäuten, halbieren, entkernen und die Stängelansätze herausschneiden. Tomaten sechsteln, dabei entkernen.

7 Olivenöl in einem zweiten Topf erhitzen. Knoblauchwürfel, Zwiebel- und Peperonistreifen darin unter gelegentlichem Rühren etwa 3 Minuten andünsten. Die Zucchinischeiben, Paprikastreifen und Auberginenstücke hinzufügen und weitere 3–4 Minuten unter Rühren mitdünsten lassen. Aufgefangene Brühe (etwa 1 l) und das Tomatenmark hinzugeben. Die Zutaten zum Kochen bringen und zugedeckt etwa 10 Minuten leicht köcheln lassen.

8 Nach etwa 5 Minuten Garzeit das klein geschnittene Fleisch, Tomatenstücke, Thymian, Rosmarin und Basilikum hinzugeben. Den Eintopf fertig garen. Den Eintopf mit Salz und Pfeffer abschmecken.

Tipp

Nach dem Zubereiten von Peperoni oder Chili immer gründlich die Hände mit Wasser und Seife waschen. Peperoni- oder Chilireste können in den Augen und Schleimhäuten brennen.

Rinderpörkölt in Biersauce

Zubereitungszeit: 55 Minuten, ohne Einlegezeit I Garzeit: etwa 70 Minuten
8–10 Portionen I Pro Portion: E: 25 g, F: 11 g, Kh: 18 g, kJ: 1152, kcal: 275 I Mit Alkohol

Zutaten

1 kg Rindfleisch (aus der Schulter)

500 g frische Perlzwiebeln oder
1 Glas eingelegte Perlzwiebeln
(Abtropfgewicht 300 g)

500 g Staudensellerie

5 Möhren (etwa 500 g)

4 EL Speiseöl

Salz

frisch gemahlener Pfeffer

500 ml (½ l) Gemüsebrühe

2 EL Tomatenmark

500 ml (½ l) Malzbier (dunkles Bier)

1 Bund Oregano

Zubereitung

1 Rindfleisch mit Küchenpapier trocken tupfen und in Würfel schneiden. Frische Perlzwiebeln abziehen. Eingelegte Perlzwiebeln auf einem Sieb abtropfen lassen, anschließend etwa 60 Minuten in kaltes Wasser legen, um den Essiggeschmack zu mildern.

2 Staudensellerie putzen und die harten Außenfäden abziehen. Selleriestangen waschen, abtropfen lassen und in Scheiben schneiden. Möhren putzen, schälen, abspülen, abtropfen lassen, halbieren und in Scheiben schneiden.

3 Speiseöl in einem großen Bräter erhitzen und Fleischwürfel darin kräftig von allen Seiten anbraten. Mit Salz und Pfeffer würzen. Die Hälfte der Brühe hinzugießen, zum Kochen bringen und zugedeckt etwa 40 Minuten kochen lassen.

4 Perlzwiebeln, Sellerie- und Möhrenscheiben hinzugeben. Das Tomatenmark unterrühren. Die restliche Brühe und Malzbier hinzugießen, wieder zum Kochen bringen und zugedeckt weitere etwa 30 Minuten garen. Dabei gelegentlich umrühren.

5 Oregano abspülen und trocken tupfen. Die Blättchen von den Stängeln zupfen. Die Oreganoblättchen unterrühren. Mit Salz und Pfeffer abschmecken.

Beilage: Baguette oder kräftiges Bauernbrot.

Tipp

Oregano ist ein klassisches Gewürz für die mediterrane Küche. Er ist intensiv im Geschmack und wird frisch, tiefgekühlt oder getrocknet angeboten.

Erbsensuppe mit Speck und Zwiebeln

Zubereitungszeit: 20 Minuten | Garzeit: etwa 2 Stunden
4 Portionen | Pro Portion: E: 20 g, F: 6 g, Kh: 39 g, kJ: 1239, kcal: 296 | Klassisch – preiswert

Zutaten

Für die Suppe:

1 Zwiebel

1 EL Speiseöl

250 g getrocknete, geschälte Erbsen

1 l Gemüsebrühe

250 g mehligkochende Kartoffeln

1 Bund Suppengrün
(Möhre, Sellerie, Porree, Petersilie)

Für Speck und Zwiebeln:

2 Scheiben (35 g) Frühstücksspeck
(Bacon)

1 kleine Zwiebel

1 TL Speiseöl

Außerdem:

1 TL Weißweinessig

Salz

frisch gemahlener Pfeffer

Zubereitung

1 Für die Suppe Zwiebel abziehen und fein würfeln. Öl in einem Topf erhitzen und Zwiebelwürfel darin in etwa 3 Minuten unter gelegentlichem Rühren andünsten. Erbsen hinzufügen und 1–2 Minuten mit andünsten.

2 Brühe hinzugießen. Die Zutaten zum Kochen bringen und zugedeckt etwa 2 Stunden garen, bis die Erbsen weich sind, dabei gelegentlich umrühren.

3 Inzwischen Kartoffeln schälen, abspülen und in Stücke schneiden. Möhre schälen, putzen, waschen und abtropfen lassen. Sellerie schälen, waschen und abtropfen lassen. Porree putzen, die Stange längs halbieren, gründlich waschen und abtropfen lassen. Möhre, Sellerie und Porree in mundgerechte Stücke schneiden. Petersilie abspülen und trocken tupfen. Die Blättchen von den Stängeln zupfen und fein hacken.

4 Für Speck und Zwiebeln Frühstücksspeck fein schneiden. Zwiebel abziehen und fein hacken. Öl in einer kleinen Pfanne erhitzen und Speckwürfel darin in 2–3 Minuten unter gelegentlichem Rühren auslassen. Zwiebelwürfel hinzugeben und alles unter Rühren in 2–3 Minuten andünsten. Speck und Zwiebeln herausnehmen und beiseitestellen.

5 Nach etwa 1 ½ Stunden Garzeit der Erbsen die Kartoffelstücke mit Möhren-, Sellerie- und Porreestücken und gehackter Petersilie (1 Esslöffel zum Garnieren zurücklassen) zur Suppe geben. Die Zutaten etwa ½ Stunde mitgaren, dabei gelegentlich umrühren.

6 Anschließend alles fein pürieren. Wenn die Suppe zu dickflüssig ist, etwas Wasser hinzufügen und unterrühren. Erbsensuppe mit Weißweinessig, Salz und Pfeffer abschmecken. Die Suppe mit Speck, Zwiebeln und zurückgelassener Petersilie anrichten.

Tipp

Im Schnellkochtopf reduziert sich die Garzeit der Erbsen auf etwa 45 Minuten.

Erbsen mit Schale müssen über Nacht in Wasser eingeweicht werden, erst dann kann man sie kochen.

Bei langen Garzeiten kann es vorkommen, dass zu viel Wasser während des Kochvorgangs entweicht. Dann eventuell etwas Wasser nachgeben.

Sollte, saisonal bedingt, das Suppengrün ohne Petersilie gebunden sein, so können Sie etwas gehackte TK-Petersilie verwenden.

Schneller und fettärmer geht es, wenn Sie die Suppe statt mit Speck und Zwiebeln mit Croûtons oder mit gerösteten Kürbiskernen oder Sesamsamen bestreuen.

Lammtopf mit Chinakohl

Zubereitungszeit: 25 Minuten | Garzeit: etwa 65 Minuten

4 Portionen | Pro Portion: E: 32 g, F: 15 g, Kh: 13 g, kJ: 1342, kcal: 321 | Herzhaft

Zutaten

600 g Lammfleisch
(aus der Schulter, ohne Knochen)

2 EL Speiseöl

1–2 EL Tomatenmark

etwa 300 ml Wasser

2–3 Zwiebeln (etwa 150 g)

1 Würfel Bratenfond (Fertigprodukt)

300 g festkochende Kartoffeln

½ Chinakohl (etwa 300 g)

2 Knoblauchzehen

Salz

frisch gemahlener Pfeffer

Zubereitung

1 Lammfleisch mit Küchenpapier trocken tupfen und in Würfel schneiden.

2 Speiseöl in einem weiten Topf oder Bräter erhitzen und Fleischwürfel von allen Seiten darin kräftig anbraten. Tomatenmark unterrühren. 3–4 Esslöffel von dem Wasser hinzugeben, zum Kochen bringen und einkochen lassen. Zwiebeln abziehen, vierteln, hinzugeben und unter Rühren etwa 5 Minuten darin kräftig anbraten.

3 Bratenfond und restliches Wasser hinzufügen, zum Kochen bringen und die Zutaten etwa 30 Minuten unter gelegentlichem Rühren garen lassen.

4 In der Zwischenzeit Kartoffeln schälen, abspülen, in Würfel schneiden und zum Lammtopf geben.

5 Chinakohl putzen, vierteln und den Strunk herausschneiden. Chinakohl waschen, abtropfen lassen, in Stücke schneiden und ebenfalls in den Lammtopf geben. Die Zutaten zum Kochen bringen und zugedeckt weitere 30 Minuten garen lassen.

6 Knoblauch abziehen, klein schneiden und unterrühren. Den Lammtopf mit Salz und Pfeffer abschmecken.

Beilage: Ofenwarmes Fladenbrot.

Tipp

Statt Chinakohl kann auch Pak Choi oder Mangold verwendet werden.
Anstelle das Bratenfondwürfels können auch 150 ml Fleischfond verwendet werden – dann aber nur noch 150 ml Wasser nehmen.
Noch pikanter schmeckt der Lammtopf, wenn er am Ende der Garzeit mit etwas getrocknetem Thymian abgeschmeckt wird.

Rindfleischtopf mit Rotwein

Zubereitungszeit: 40 Minuten | Garzeit: etwa 60 Minuten
4 Portionen | Pro Portion: E: 39 g, F: 23 g, Kh: 17 g, kJ: 1931, kcal: 460 | Für Gäste – mit Alkohol

Zutaten

700 g Rindfleisch
(aus der Schulter, ohne Knochen)

3 EL Speiseöl

2 EL Tomatenmark

750 ml (¾ l) Fleischbrühe

2 Möhren (etwa 200 g)

1 Kohlrabi (etwa 200 g)

150 g Knollensellerie

300 g festkochende Kartoffeln

1 Gemüsezwiebel (etwa 200 g)

200 ml trockener Rotwein

Salz

frisch gemahlener Pfeffer

gerebelter Thymian

1–2 TL mittelscharfer Senf

Zubereitung

1 Rindfleisch mit Küchenpapier trocken tupfen und in kleine Würfel schneiden. Speiseöl in einem Topf erhitzen und Fleischwürfel portionsweise von allen Seiten gut darin anbraten.

2 Tomatenmark unterrühren und kurz mit andünsten. Etwas von der Brühe hinzugießen, zum Kochen bringen und unter gelegentlichem Rühren etwas einkochen lassen.

3 In der Zwischenzeit Möhren, Kohlrabi und Sellerie putzen, schälen, waschen, abtropfen lassen und in große Würfel schneiden. Kartoffeln schälen, abspülen und ebenfalls in große Würfel schneiden. Zwiebel abziehen und fein würfeln.

4 Vorbereitete Gemüsewürfel zu den Fleischwürfeln geben und mit andünsten. Restliche Brühe und Rotwein hinzugießen. Alles mit Salz, Pfeffer, Thymian und Senf würzen.

5 Die Zutaten zum Kochen bringen und zugedeckt bei schwacher Hitze gut 1 Stunde kochen lassen, dabei gelegentlich umrühren.

6 Den Rindfleischtopf mit den Gewürzen abschmecken und sofort servieren.

Beilage: Bauernbrot oder ofenfrisches Baguette.

Abwandlung: Der Rindfleischtopf kann auch mit einer anderen Gemüsemischung zubereitet werden, wie z. B. mit 1–2 Stangen Staudensellerie, 250 g Möhren, 250 g enthäuteten, geviertelten Tomaten, 3 Zwiebeln und 100 g schwarzen Oliven. Dann den Rotwein durch 500 ml (½ l) Gemüsebrühe und 125 ml (⅛ l) Weißwein ersetzen. Zusätzlich den Rindfleischtopf mit je 1 Teelöffel Thymian-, Rosmarin- und Petersilienblättchen würzen.

Tipp

Den Fleischtopf können Sie auch mit Schweine- oder Lammschulter zubereiten. Noch würziger schmeckt er, wenn die Fleischstücke am Vortag in Rotwein eingelegt werden.

Wirsingeintopf mit grünen Bohnen, Kartoffeln und Kasseler

Zubereitungszeit: 40 Minuten, ohne Abkühlzeit | Garzeit: 30–40 Minuten
4 Portionen | Pro Portion: E: 22 g, F: 14 g, Kh: 16 g, kJ: 1166, kcal: 278 | Klassisch

Zutaten

½ Kopf Wirsing (etwa 400 g)

150 g grüne Bohnen

400 g vorwiegend festkochende Kartoffeln

400 g Kasseler (ohne Knochen)

1 l Fleischbrühe

2 EL Speiseöl

Salz

frisch gemahlener Pfeffer

frisch geriebene Muskatnuss

Zubereitung

1 Vom Wirsing die groben äußeren Blätter entfernen und den Strunk herausschneiden. Wirsing halbieren. Wirsinghälfte in schmale Streifen schneiden, waschen und abtropfen lassen. Von den Bohnen die Enden abschneiden. Bohnen eventuell abfädeln, waschen, abtropfen lassen und in Stücke schneiden oder brechen. Kartoffeln schälen, abspülen, abtropfen lassen und in Würfel schneiden.

2 Kasselerfleisch mit Küchenpapier trocken tupfen. Die Brühe in einem Topf erhitzen. Das Kasseler hinzugeben und zugedeckt 20–25 Minuten garen.

3 In der Zwischenzeit Speiseöl in einem zweiten Topf erhitzen. Die Wirsingstreifen und Bohnenstücke darin 5–8 Minuten unter gelegentlichem Rühren andünsten.

4 Nach etwa 10 Minuten Fleischgarzeit das angedünstete Gemüse mit den Kartoffelwürfeln zum Kasseler in den Topf geben. Mit Salz und Pfeffer würzen. Den Eintopf zugedeckt die restlichen 10–15 Minuten leicht köcheln lassen.

5 Nach Ende der Garzeit das Kasseler aus der Suppe nehmen und etwas abkühlen lassen. Das Fleisch in kleine Würfel schneiden, in den Eintopf geben und kurz erwärmen. Nochmals mit Salz, Pfeffer und Muskat abschmecken.

Abwandlung: Wirsingeintopf mit Mettenden (4 Portionen). Anstelle des Kasselers können Sie 4 Mettenden zur Suppe geben. Die Suppe wie im Rezept beschrieben, aber ohne Kasseler zubereiten. Die Mettenden in Scheiben schneiden, kurz vor Ende der Garzeit zur Suppe geben und miterwärmen. Anschließend die Suppe abschmecken.

Tipp

Statt frischer, grüner Bohnen können Sie ebenso gut TK-Bohnen verwenden. Die angetauten, klein geschnittenen Bohnen brauchen nicht mit angedünstet zu werden. Kasseler ist das gepökelte, geräucherte Kotelettstück vom Schwein.

Spanische Bauernsuppe

Zubereitungszeit: 40 Minuten | Garzeit: etwa 55 Minuten

4 Portionen | Pro Portion: E: 40 g, F: 21 g, Kh: 22 g, kJ: 1967, kcal: 470 | Für Gäste

Zutaten

600 g Lammfleisch
(aus der Keule, ohne Knochen)

1 Gemüsezwiebel

3 EL Olivenöl

Salz

frisch gemahlener Pfeffer

gerebelter Oregano

gerebeltes Bohnenkraut

1 l Gemüsebrühe

2 Stangen Porree (Lauch)

etwa 400 g Wirsing

2 Dosen weiße Bohnen
(Abtropfgewicht je 250 g)

1 Dose geschälte Tomaten
(Einwaage 800 g)

3–4 Chorizo
(spanische Knoblauchwurst)

2 EL in Streifen geschnittene, glatte
Petersilie

Zubereitung

1 Lammfleisch mit Küchenpapier trocken tupfen und in Würfel oder Streifen schneiden. Gemüsezwiebel abziehen, vierteln und in Streifen schneiden.

2 Olivenöl in einem großen Topf erhitzen und die Fleischwürfel oder -streifen darin von allen Seiten anbraten. Die Zwiebelstreifen hinzugeben und mitdünsten lassen. Mit Salz, Pfeffer, Oregano und Bohnenkraut würzen. Die Hälfte der Gemüsebrühe hinzugießen und zum Kochen bringen. Das Lammfleisch zugedeckt etwa 40 Minuten garen.

3 In der Zwischenzeit den Porree putzen, die Stangen längs halbieren, gründlich waschen, abtropfen lassen und in Streifen schneiden. Von dem Wirsing die groben, äußeren Blätter entfernen. Den Wirsing vierteln und den Strunk herausschneiden. Die Wirsingviertel in Streifen schneiden, abspülen und abtropfen lassen. Bohnen auf einem Sieb abtropfen lassen.

4 Die Porree-, Wirsingstreifen, Bohnen und Tomaten mit der Flüssigkeit zu der Suppe in den Topf geben. Restliche Brühe hinzugießen. Die Zutaten wieder zum Kochen bringen und die Suppe weitere etwa 15 Minuten garen.

5 Die Knoblauchwurst in Scheiben schneiden, in die Suppe geben und kurz miterhitzen. Die Suppe mit Petersilie bestreut servieren.

Tipp

Nach Belieben zusätzlich 4 Knoblauchzehen abziehen, durch eine Knoblauchpresse drücken und mit den Zwiebelstreifen andünsten. Anstelle der Chorizo können Sie Rauchenden (Mettwürstchen) oder Salamiwürfel verwenden.
Sie können die Suppe bis einschließlich Punkt 2 am Vortag vorbereiten. Das Gemüse ebenfalls vorbereiten und zugedeckt kalt stellen.

Grüner Borschtsch

Zubereitungszeit: 50 Minuten, ohne Abkühlzeit I Garzeit Borschtsch: etwa 2 ½ Stunden I Garzeit Rote Bete: etwa 20 Minuten
4 Portionen I Pro Portion: E: 35 g, F: 10 g, Kh: 30 g, kJ: 1475, kcal: 352 I Gut vorzubereiten

Zutaten

1 Bund Suppengrün
(Knollensellerie, Möhre, Porree)

500 g mageres Suppenfleisch
(vom Rind)

1 ½ l Wasser

1 TL Gemüsebrühe (Instant)

Salz

5 schwarze Pfefferkörner

1 Lorbeerblatt

250 g Rote Bete

125 ml (⅛ l) Wasser

1 TL Tomatenmark

1 EL Weißweinessig

½ TL Zucker

1 Zwiebel

1 Petersilienwurzel (etwa 150 g)

500 g vorwiegend festkochende
Kartoffeln

2 Bund Frühlingszwiebeln
(etwa 300 g)

3 Stängel Thymian

½ TL Kümmelsamen

3 Stängel Dill

Außerdem:

2 hart gekochte, geviertelte Eier

1 Bund fein gehackter Dill

4 TL saure Sahne (10 % Fett)

Zubereitung

1 Knollensellerie und Möhre putzen, schälen, abspülen und abtropfen lassen. Porree putzen, die Stange längs halbieren, gründlich waschen und abtropfen lassen. Sellerie, Möhre und Porree in mundgerechte Stücke schneiden.

2 Suppenfleisch mit Küchenpapier trocken tupfen. Das Fleisch mit klein geschnittenem Suppengrün in einen Topf geben. Etwa 1 ½ l Wasser hinzugießen, aufkochen lassen und den Schaum abschöpfen.

3 Gemüsebrühe, ½ Teelöffel Salz, Pfefferkörner und Lorbeerblatt zum Fleisch geben. Die Zutaten zum Kochen bringen und zugedeckt bei schwacher Hitze etwa 2 ½ Stunden leicht köcheln lassen.

4 In der Zwischenzeit Rote Bete waschen, abtropfen lassen und schälen. Rote Bete in Würfel schneiden. In einem kleinen Topf etwa 125 ml (⅛ l) Wasser und die Rote-Bete-Würfel aufkochen lassen. Im geschlossenen Topf bei schwacher Hitze etwa 20 Minuten dünsten, bis die Rote Bete weich und das Wasser fast verdampft ist. Mit Tomatenmark, Essig und Zucker würzen. Rote Bete beiseitestellen.

5 Zwiebel abziehen und in kleine Würfel schneiden. Petersilienwurzel schälen, abspülen und klein würfeln. Kartoffeln waschen, schälen, abspülen und in Würfel schneiden. Frühlingszwiebeln putzen, waschen, abtropfen lassen und in feine Scheiben schneiden. Thymianstängel abspülen, trocken tupfen und die Blättchen abzupfen.

6 Die Suppe nach Ende der Garzeit durch ein Sieb in einen Topf gießen. Das Fleisch etwas abkühlen lassen.

7 Aufgefangene Brühe (etwa 1 l) mit Zwiebel-, Petersilienwurzel- und Kartoffelwürfeln, Thymianblättchen und Kümmel zum Kochen bringen. Das Ganze zugedeckt etwa 10 Minuten leicht köcheln lassen. Frühlingszwiebeln dazugeben und weitere 10 Minuten leicht köcheln lassen.

8 Inzwischen den Dill abspülen, trocken tupfen und in kleine Zweige zupfen. Das Suppenfleisch in Würfel schneiden.

9 Fleisch- und Rote-Bete-Würfel in der Suppe erwärmen. Borschtsch mit Salz und Pfeffer abschmecken und mit Dillzweigen bestreuen. Eier, gehackten Dill und saure Sahne dazureichen.

Tipp

Rote Bete können Sie auch fertig im Glas kaufen. Ansonsten empfiehlt es sich, beim Schälen Gummihandschuhe anzuziehen, da Rote Bete stark färbt.

Grüne-Bohnen-Eintopf

Zubereitungszeit: 50 Minuten | Garzeit: etwa 60 Minuten

4 Portionen | Pro Portion: E: 33 g, F: 15 g, Kh: 27 g, kJ: 1592, kcal: 380 | Klassisch

Zutaten

500 g mageres Rindfleisch
(aus der Schulter)

1 Zwiebel

2–3 Stängel Bohnenkraut oder
etwas gerebeltes Bohnenkraut

30 g Butterschmalz
oder 3 EL Speiseöl

Salz

frisch gemahlener Pfeffer

500 ml (½ l) Gemüsebrühe

1 kg grüne Bohnen

500 g vorwiegend festkochende
Kartoffeln

1–2 EL gehackte Petersilie

Zubereitung

1 Rindfleisch mit Küchenpapier trocken tupfen und in etwa 2 cm große Würfel schneiden. Zwiebel abziehen und klein würfeln. Das Bohnenkraut abspülen und trocken tupfen.

2 Butterschmalz oder Speiseöl in einem Topf erhitzen. Die Fleischwürfel darin von allen Seiten leicht anbraten. Die Zwiebelwürfel hinzufügen und kurz mit andünsten. Mit Salz und Pfeffer würzen. Bohnenkraut und Gemüsebrühe hinzugeben und zum Kochen bringen. Die Fleischwürfel zugedeckt etwa 40 Minuten bei mittlerer Hitze garen.

3 In der Zwischenzeit von den Bohnen die Enden abschneiden, eventuell abfädeln. Bohnen waschen, abtropfen lassen und in kleine Stücke schneiden oder brechen. Kartoffeln waschen, schälen, abspülen, abtropfen lassen und in Würfel schneiden.

4 Bohnenstücke und Kartoffelwürfel zu den Fleischwürfeln in den Topf geben, mit Salz und Pfeffer würzen. Die Zutaten wieder zum Kochen bringen. Den Eintopf zugedeckt weitere etwa 20 Minuten garen. Die Bohnenkrautstängel aus dem Eintopf entfernen. Den Eintopf mit Salz und Pfeffer abschmecken und mit Petersilie bestreut servieren.

Beilage: Fladenbrot.

Tipp

Der Eintopf ist gefriergeeignet. Bohnenkraut ist das beste Gewürz für Bohnen. Es hat einen angenehmen, an Thymian oder Minze erinnernden, aber pfefferähnlichen Geruch und Geschmack.

Kartoffel-Mais-Topf mit Kidneybohnen

Zubereitungszeit: 45 Minuten, ohne Abkühlzeit I Garzeit: etwa 10 Minuten

4 Portionen I Pro Portion: E: 18 g, F: 15 g, Kh: 37 g, kJ: 1498, kcal: 358 I Einfach

Zutaten

500 g kleine, vorwiegend festkochende Kartoffeln

Salzwasser

1 Zwiebel

1 Knoblauchzehe

2 Scheiben Frühstücksspeck
(Bacon, etwa 35 g)

1 EL Butter oder Margarine

1 EL Tomatenmark

400 ml klare Fleischbrühe

1 Dose Gemüsemais
(Abtropfgewicht 285 g)

1 kleine Dose Kidneybohnen
(Abtropfgewicht 250 g)

Salz

Cayennepfeffer

250 g Champignons

2 kleine Pfefferbeißer
(Schinkenmettwurst, je 40 g)

Zubereitung

1 Kartoffeln gründlich waschen und in kochendem Salzwasser 20–25 Minuten gar kochen. Kartoffeln abgießen, abdämpfen, pellen und abkühlen lassen.

2 Zwiebel und Knoblauch abziehen, jeweils in kleine Würfel schneiden. Frühstücksspeck in kleine Würfel schneiden. Butter oder Margarine in einem Topf zerlassen und Speckwürfel darin knusprig ausbraten. Zwiebel- und Knoblauchwürfel hinzugeben und goldgelb andünsten. Tomatenmark unterrühren.

3 Brühe hinzugießen und unter Rühren zum Kochen bringen, damit sich das Tomatenmark auflöst.

4 Mais und Kidneybohnen jeweils auf ein Sieb geben. Kidneybohnen mit kaltem Wasser abspülen und abtropfen lassen. Die abgekühlten Kartoffeln vierteln. Mais, Kidneybohnen und Kartoffelviertel zu der Brühe in den Topf geben. Mit Salz und Cayennepfeffer würzen. Die Zutaten zum Kochen bringen und zugedeckt etwa 5 Minuten bei mittlerer Hitze garen.

5 In der Zwischenzeit Champignons putzen, mit Küchenpapier abreiben, eventuell abspülen, trocken tupfen und vierteln. Die Pfefferbeißer in Scheiben schneiden. Die Champignonviertel und Pfefferbeißerscheiben in den Eintopf geben, wieder zum Kochen bringen und weitere etwa 5 Minuten bei mittlerer Hitze garen. Die Suppe vor dem Servieren mit Salz und Cayennepfeffer abschmecken.

Tipp

Haben Sie Pellkartoffeln vom Vortag übrig, so können Sie diese für die Suppe verwenden. Statt Pfefferbeißer schmecken auch Knackwürstchen. Diese Variante schmeckt Kindern besonders gut.
Champignons sollen möglichst weiß und noch völlig geschlossen sein. Frische Champignons erkennt man am festen Fleisch. Zuchtchampignons werden meist in dunklen Kellern und stillgelegten Kohlengruben gezogen.

Kürbiseintopf mit roten Linsen

Zubereitungszeit: 35 Minuten | Garzeit: 30–35 Minuten

4 Portionen | Pro Portion: E: 18 g, F: 25 g, Kh: 33 g, kJ: 1807, kcal: 432 | Einfach

Zutaten

3 Zwiebeln (etwa 150 g)

2 Knoblauchzehen

500 g Kürbis

200 g Staudensellerie

450 g Kartoffeln

2 EL Speiseöl, z. B. Rapsöl

Salz

frisch gemahlener Pfeffer

1 l Gemüsebrühe

100 g rote Linsen

1 Bund Zitronenthymian

200 g Wiener Würstchen

2 EL Kürbiskernöl

evtl. geröstete Kürbiskerne oder Sonnenblumenkerne

Zubereitung

1 Zwiebeln und Knoblauch abziehen, in kleine Würfel schneiden. Kürbis schälen, halbieren und die Kerne mit einem Löffel herauskratzen. Kürbisfruchtfleisch in Stücke schneiden. Staudensellerie putzen und die harten Außenfäden abziehen. Die Selleriestangen waschen, abtropfen lassen und in Stücke schneiden. Kartoffeln schälen, abspülen, abtropfen lassen und würfeln.

2 Speiseöl in einem großen Topf erhitzen und Zwiebel- und Knoblauchwürfel darin andünsten. Kürbis-, Selleriestücke und Kartoffelwürfel portionsweise hinzugeben und mit andünsten. Mit Salz und Pfeffer würzen. Die Brühe hinzugießen und zum Kochen bringen. Das Gemüse zugedeckt 20–25 Minuten bei mittlerer Hitze kochen lassen.

3 Rote Linsen auf ein Sieb geben, mit kaltem Wasser abspülen und abtropfen lassen. Zitronenthymian abspülen und trocken tupfen. Die Blättchen von den Stängeln zupfen. Würstchen in Scheiben schneiden.

4 Nach 20–25 Minuten Garzeit Linsen, Zitronenthymian und Würstchenscheiben hinzugeben. Den Eintopf zugedeckt weitere etwa 10 Minuten garen. Den Eintopf nochmals mit Salz und Pfeffer abschmecken.

5 Den Eintopf in 4 Suppentellern verteilen und mit Kürbiskernöl beträufeln. Nach Belieben mit Kürbiskernen oder Sonnenblumenkernen bestreuen.

Tipp

Wenn Sie keinen Zitronenthymian bekommen, können Sie ersatzweise auch 1 Bund Thymian und 1 Teelöffel abgeriebene Zitronenschale von 1 Bio-Zitrone (unbehandelt, ungewachst) verwenden.

Gulaschsuppe mit Saure-Sahne-Dip

Zubereitungszeit: 60 Minuten | Garzeit: etwa 70 Minuten

12 Portionen | Pro Portion: E: 30 g, F: 23 g, Kh: 18 g, kJ: 1671, kcal: 399 | Für die Party

Zutaten

je 750 g Schweine- und Rindergulasch

3 Gemüsezwiebeln (je etwa 225 g)

3 Knoblauchzehen

600 g rote und gelbe Paprikaschoten

120 g Butterschmalz

750 g mehligkochende Kartoffeln

3 EL Tomatenmark

2 ½ l Gemüsebrühe

Salz

Cayennepfeffer

Paprikapulver rosenscharf

Zucker

1 ½ TL gerebelter Thymian

1 Bund Petersilie

450 g saure Sahne (10 % Fett)

frisch gemahlener Pfeffer

3 gestr. EL dunkler Saucenbinder

Zubereitung

1 Das Fleisch mit Küchenpapier trocken tupfen und in etwas kleinere Stücke schneiden. Gemüsezwiebeln abziehen, halbieren und in kleine Würfel schneiden. Knoblauch ebenfalls abziehen und klein würfeln. Paprikaschoten halbieren, entstielen, entkernen und die weißen Scheidewände entfernen. Die Schotenhälften waschen, abtropfen lassen und in kleine Würfel schneiden.

2 Jeweils etwas Butterschmalz in einem großen Topf erhitzen. Die Fleischstücke darin in mehreren Portionen unter gelegentlichem Rühren kräftig anbraten. Zwiebel-, Knoblauch- und Paprikawürfel portionsweise hinzugeben und unter Rühren mit anbraten.

3 Kartoffeln schälen, abspülen, abtropfen lassen und in kleine Würfel schneiden. Kartoffelwürfel und Tomatenmark zu dem angebratenen Fleisch geben und 2–3 Minuten mitbraten lassen. Brühe hinzugießen, mit Salz, Cayennepfeffer, Paprika und Zucker würzen.

4 Die Zutaten zum Kochen bringen und zugedeckt etwa 60 Minuten leicht köcheln lassen. Den Thymian unterrühren. Die Suppe noch weitere etwa 10 Minuten garen.

5 In der Zwischenzeit Petersilie abspülen und trocken tupfen. Die Blättchen von den Stängeln zupfen. Blättchen klein schneiden. Saure Sahne mit der Petersilie in einer Schüssel verrühren. Den Dip mit Salz und Pfeffer abschmecken.

6 Den Saucenbinder in die gare Suppe rühren und nochmals unter Rühren aufkochen lassen. Die Gulaschsuppe mit Salz, Pfeffer und Paprika abschmecken und sofort servieren. Den Saure-Sahne-Dip dazureichen.

Tipp

Statt Paprika schmecken auch Champignons in der Suppe. Dafür 200 g Champignons putzen, mit Küchenpapier abreiben und in Scheiben schneiden. Champignonscheiben mit Zwiebel- und Knoblauchwürfeln wie unter Punkt 2 beschrieben anbraten.

Geschichteter Pichelsteiner

Zubereitungszeit: 50 Minuten | Garzeit: etwa 90 Minuten

4–6 Portionen | Pro Portion: E: 33 g, F: 40 g, Kh: 29 g, kJ: 2689, kcal: 643 | Deftig

Zutaten

500 g Wirsing

500 g Möhren

500 g Kartoffeln

1 große Stange Porree (Lauch)

1 Gemüsezwiebel

500 g Gulasch
(halb Rind-, halb Schweinefleisch)

Salz

frisch gemahlener Pfeffer

gemahlener Kümmelsamen

2 Lorbeerblätter

1 l Fleisch- oder Gemüsebrühe

60 g Butter

200 g Schmand (Sauerrahm) oder
Crème fraîche

Zubereitung

1 Wirsing putzen, vierteln und den Strunk herausschneiden. Wirsingviertel abspülen, abtropfen lassen und in Streifen schneiden. Dann die Möhren putzen, schälen, abspülen, abtropfen lassen und in Scheiben schneiden.

2 Kartoffeln schälen, abspülen, abtropfen lassen und in Scheiben schneiden. Porree putzen, die Stange längs halbieren, gründlich waschen, abtropfen lassen und in Streifen schneiden. Die Gemüsezwiebel abziehen, halbieren, zuerst in Scheiben, dann in feine Streifen schneiden.

3 Den Backofen vorheizen.
Ober-/Unterhitze: etwa 180 °C
Heißluft: etwa 160 °C

4 Gulasch mit Küchenpapier trocken tupfen. Die Fleischstücke halbieren.

5 Die vorbereiteten Gemüse-, Kartoffel- und Fleischzutaten nacheinander in einen großen Bräter oder eine feuerfeste Form (gefettet) schichten. Zuerst die Hälfte des Wirsings, dann die Hälfte des restlichen Gemüses einschichten. Danach das gesamte Fleisch hinzufügen und zuletzt das restliche Gemüse einschichten. Die oberste Schicht sollte aus Wirsing bestehen. Dabei die einzelnen Schichten kräftig mit Salz, Pfeffer und Kümmel würzen. Die Lorbeerblätter miteinschichten.

6 Brühe über die eingeschichteten Zutaten gießen. Butter in Flöckchen darauf verteilen. Den Bräter oder die Form mit dem Deckel verschließen und auf dem Rost in den vorgeheizten Backofen schieben. Pichelsteiner etwa 90 Minuten garen.

7 Den Pichelsteiner in Tellern anrichten. Je einen Klecks Schmand oder Crème fraîche daraufsetzen.

Griechischer Bohneneintopf

Zubereitungszeit: 50 Minuten I Garzeit: etwa 45 Minuten
4 Portionen I Pro Portion: E: 43 g, F: 33 g, Kh: 25 g, kJ: 2373, kcal: 565 I Einfach

Zutaten

500 g mageres Rindfleisch
(ohne Knochen, zum Kochen)

4 EL Speiseöl

1 mittelgroße Zwiebel

Salz

frisch gemahlener Pfeffer

750 ml (¾ l) Gemüsebrühe

800 g grüne Bohnen

500 g Kartoffeln

2 Stängel Bohnenkraut

3 Tomaten

200 g Schafkäse

100 g Oliven, ohne Stein
(aus dem Glas)

Zubereitung

1 Rindfleisch mit Küchenpapier trocken tupfen und in etwa 2 cm große Würfel schneiden.

2 Speiseöl in einem Topf erhitzen und Fleischwürfel darin von allen Seiten leicht anbraten.

3 Zwiebel abziehen, in kleine Würfel schneiden, zu den Fleischwürfeln in den Topf geben und mitdünsten lassen. Mit Salz und Pfeffer würzen. Etwa die Hälfte der Brühe hinzugießen und zum Kochen bringen. Die Fleischwürfel zugedeckt etwa 20 Minuten garen.

4 Von den Bohnen die Enden abschneiden, eventuell abfädeln. Bohnen waschen, abtropfen lassen und in kleine Stücke schneiden oder brechen. Kartoffeln waschen, schälen, abspülen, abtropfen lassen und in Würfel schneiden.

5 Bohnenkraut abspülen und trocken tupfen. Bohnenkraut, Bohnenstücke, Kartoffelwürfel und die restliche Brühe zu den Fleischwürfeln in den Topf geben. Die Zutaten zum Kochen bringen und weitere etwa 25 Minuten garen.

6 Tomaten waschen, trocken tupfen, halbieren, die Stängelansätze herausschneiden und die Tomatenhälften in Würfel schneiden. Schafkäse in Würfel schneiden. Oliven auf einem Sieb abtropfen lassen.

7 Tomaten-, Schafkäsewürfel und Oliven kurz vor Ende der Garzeit in den Eintopf geben und miterhitzen. Den Eintopf mit Salz und Pfeffer abschmecken. Vor dem Servieren das Bohnenkraut entfernen.

Beilage: Fladenbrot.

Hackfleisch-Kartoffel-Topf mit Pfifferlingen

Zubereitungszeit: 30 Minuten I Garzeit: etwa 25 Minuten
4 Portionen I Pro Portion: E: 26 g, F: 22 g, Kh: 30 g, kJ: 1807, kcal: 431 I Einfach

Zutaten

1 Knoblauchzehe

2 Zwiebeln

2 EL Speiseöl

400 g Gehacktes
(halb Rind-, halb Schweinefleisch)

1 leicht geh. TL Tomatenmark

1 TL frische Rosmarinnadeln

½ TL gerebelter Thymian

1 großes Bund Suppengemüse
(Möhren, Sellerie, Porree, Petersilie)

750 g mittelgroße, festkochende
Kartoffeln

300 g Pfifferlinge

Salz

frisch gemahlener Pfeffer

750 ml (¾ l) Gemüsebrühe

1 Dose stückige Tomaten
(Einwaage 400 g)

Zubereitung

1 Knoblauch und Zwiebeln abziehen, in kleine Würfel schneiden. Speiseöl in einem Topf erhitzen und Gehacktes darin unter Rühren anbraten. Dabei die Fleischklümpchen mit einer Gabel zerdrücken. Die Zwiebel-, Knoblauchwürfel, Tomatenmark, Rosmarin und Thymian hinzugeben und mit anbraten. Hackfleischmasse herausnehmen.

2 Möhren und Sellerie putzen, schälen, abspülen, abtropfen lassen und in Stücke schneiden. Porree putzen, die Stange längs halbieren, gründlich waschen, abtropfen lassen und in grobe Streifen schneiden. Petersilie abspülen und trocken tupfen. Die Blättchen von den Stängeln zupfen. Blättchen klein schneiden.

3 Kartoffeln schälen, abspülen, abtropfen lassen und in Spalten schneiden. Pfifferlinge putzen, mit Küchenpapier abreiben, eventuell kurz abspülen und trocken tupfen. Kartoffelspalten und das vorbereitete Suppengemüse in dem verbliebenen Bratfett andünsten. Pfifferlinge hinzugeben und unter Rühren bei mittlerer Hitze anbraten. Mit Salz und Pfeffer würzen. Brühe hinzugießen, zum Kochen bringen und zugedeckt etwa 10 Minuten garen.

4 Die Hackfleischmasse und Tomaten hinzugeben. Mit Salz und Pfeffer würzen. Den Hackfleisch-Kartoffel-Topf zugedeckt weitere etwa 15 Minuten bei mittlerer Hitze garen. Mit Salz und Pfeffer abschmecken.

Tipp

Pfifferlinge sind von Juni bis Oktober zu finden und sie sind sehr kalorienarm. 100 g geputzte Ware liefern nur 11 kcal. Pfifferlinge sollten nach dem Einkauf schnell verzehrt werden. Pfifferlinge nicht waschen, sondern nur die Erde zwischen den Lamellen mit einem Spitzen Messer entfernen oder mit einer weichen Bürste oder Pinsel reinigen. Das Fußende abschneiden.

Irish Stew

Zubereitungszeit: 30 Minuten | Garzeit: etwa 60 Minuten

4 Portionen | Pro Portion: E: 39 g, F: 12 g, Kh: 25 g, kJ: 1543, kcal: 369 | Dauert länger

Zutaten

1 kg Lammschulter (mit Knochen)

Salz

frisch gemahlener Pfeffer

650 g Wirsing

600 g mehligkochende Kartoffeln

375 g Zwiebeln

375 ml (⅜ l) Fleischbrühe

einige Stängel Thymian

Zubereitung

1 Die Lammschulter mit Küchenpapier trocken tupfen. Die Lammschulter von den Knochen lösen und das Fett sorgfältig abschneiden. Lammschulter (etwa 650 g) in etwa 2 cm große Würfel schneiden. Mit Salz und Pfeffer würzen.

2 Von dem Wirsing die äußeren welken Blätter entfernen. Dann den Wirsing vierteln und den Strunk herausschneiden. Die Wirsingviertel in dünne Streifen schneiden, abspülen und abtropfen lassen. Kartoffeln schälen, abspülen, abtropfen lassen und in dünne Scheiben schneiden. Zwiebeln abziehen, halbieren und ebenfalls in Scheiben schneiden.

3 Zunächst nacheinander jeweils die Hälfte der Wirsingstreifen, Kartoffel- und Zwiebelscheiben in einen großen Topf schichten. Dabei jede Schicht mit Salz und Pfeffer würzen. Die Lammfleischwürfel darauf verteilen. Restliche Zutaten in umgekehrter Reihenfolge einschichten. Dabei ebenfalls jede Schicht mit Salz und Pfeffer würzen.

4 Fleischbrühe hinzugießen und zum Kochen bringen. Irish Stew zugedeckt etwa 60 Minuten bei schwacher bis mittlerer Hitze garen.

5 Irish Stew nach Ende der Garzeit umrühren. Mit Salz und Pfeffer abschmecken. Thymian abspülen und trocken tupfen. Irish Stew mit Thymian in Tellern anrichten.

Tipp

Thymian schmeckt aromatisch bitter. Er unterstützt die Verdauung fetter Speisen und passt zu Gemüse, Geflügel, Wild, Lamm, Fisch und Schalentiere.

Kartoffel-Sellerie-Eintopf mit Rindfleisch und Trüffel

Zubereitungszeit: 45 Minuten I Garzeit: etwa 2 Stunden 20 Minuten

6 Portionen I Pro Portion: E: 36 g, F: 22 g, Kh: 23 g, kJ: 1841, kcal: 439 I Für Gäste – etwas teurer

Zutaten

1 kg küchenfertige Rinderbrust

Salz

Pfefferkörner

1 Zwiebel

2 Gewürznelken

1 Lorbeerblatt

1 Knollensellerie (etwa 600 g)

2 dicke Möhren

1 kg große, festkochende Kartoffeln,
z. B. Grata, Linda, Sieglinde

1 Bund Kerbel

1 kleine Trüffelknolle (etwa 30 g)

evtl. etwas Trüffelöl

grobes Meersalz

Zubereitung

1 Rinderbrust mit Küchenpapier trocken tupfen und in einen großen, hohen Topf geben. So viel kaltes Wasser hinzugießen, dass die Rinderbrust ganz bedeckt ist. 1 gehäuften Teelöffel Salz und Pfefferkörner hinzugeben und zum Kochen bringen. Die Brühe abschäumen. Zwiebel abziehen, mit Nelken und Lorbeerblatt spicken und in die Brühe geben. Die Rinderbrust zugedeckt etwa 2 Stunden bei mittlerer Hitze kochen lassen. Während der Kochzeit den aufsteigenden Schaum und das Fett immer wieder abschöpfen.

2 In der Zwischenzeit Sellerie und Möhren putzen, schälen, abspülen, abtropfen lassen und in 2 cm große Würfel schneiden. Kartoffeln waschen, schälen, abspülen, abtropfen lassen und ebenfalls in kleine Würfel schneiden.

3 Kerbel abspülen und trocken tupfen. Die Blättchen von den Stängeln zupfen. Stängel beiseitelegen. Die Blättchen klein schneiden.

4 Nach etwa 2 Stunden Garzeit prüfen, ob das Fleisch weich ist. Falls nicht, das Fleisch weitere etwa 30 Minuten kochen lassen, eventuell noch etwas Wasser hinzugießen.

5 Die gare Rinderbrust aus der Brühe nehmen und in Scheiben schneiden. Die Fleischscheiben zugedeckt in etwas Brühe warm halten.

6 Die beiseitegelegten Kerbelstiele in ein Haarsieb legen und die Brühe darüber passieren. Die Brühe wieder in den Topf geben. Die Sellerie-, Möhren- und Kartoffelwürfel hinzugeben, zum Kochen bringen und etwa 20 Minuten bei mittlerer Hitze garen.

7 Trüffelknolle putzen. Den Eintopf in tiefen Tellern anrichten. In jeden Teller eventuell einige Tropfen Trüffelöl tröpfeln. Die Fleischscheiben darauf verteilen und mit etwas grobem Salz und Kerbel bestreuen. Die Trüffelknolle mit einem Trüffelhobel dünn über den Eintopf in den Tellern hobeln und den Eintopf sofort servieren.

Kartoffelsuppe mit Majoranklößchen

Zubereitungszeit: 35 Minuten | Dämpfzeit: etwa 25 Minuten
4 Portionen | Pro Portion: E: 19 g, F: 6 g, Kh: 18 g, kJ: 2001, kcal: 478 | Einfach

Zutaten

500 g mehligkochende Kartoffeln

1 Zwiebel

1 EL Butter

800 ml Gemüsebrühe

1 Topf Majoran

2 frische, feine Bratwürste (je etwa 100 g)

100 g Schlagsahne

Salz

frisch gemahlener Pfeffer

Zubereitung

1 Kartoffeln schälen, abspülen, abtropfen lassen und in gleich große Stücke schneiden. Wasser etwa 3 cm hoch in einen Topf (mit Dämpfeinsatz, Ø etwa 24 cm) füllen und zum Kochen bringen. Kartoffelstücke in den Dämpfeinsatz legen. Den Einsatz in den Topf hängen, mit einem Deckel verschließen und Kartoffelstücke in etwa 15 Minuten weich dämpfen.

2 Zwiebel abziehen, halbieren und klein würfeln. Die Butter in einem Topf zerlassen und Zwiebelwürfel darin andünsten. Brühe hinzugießen und zum Kochen bringen.

3 Majoran abspülen und trocken tupfen. Die Blättchen von den Stängeln zupfen. Einige Blättchen zum Garnieren beiseitelegen. Die restlichen Blättchen klein schneiden. Die Bratwurstmasse aus der Haut in eine Schüssel drücken. Knapp die Hälfte der Sahne und Majoran unterarbeiten.

4 Dann aus der Masse mit angefeuchteten Händen 16 kleine Klößchen formen. Die garen Kartoffelstücke durch eine Kartoffelpresse in die Gemüsebrühe drücken.

5 Majoranklößchen in den Dämpfeinsatz geben und den Einsatz wieder in den Topf hängen, eventuell heißes Wasser nachgießen. Die Klößchen etwa 10 Minuten dämpfen.

6 Die Kartoffelsuppe aufkochen lassen und restliche Sahne unterrühren. Mit Salz und Pfeffer abschmecken. Die Kartoffelsuppe mit den Majoranklößchen anrichten. Mit den beiseitegelegten Majoranblättchen garniert servieren.

Tipp

Mehligkochende Kartoffeln zeichnen sich durch einen hohen Stärkegehalt aus. Somit binden sie durch das Austreten der Stärke während des Kochens die Suppe. Zu den mehligkochenden Kartoffelsorten zählen u. a. Bintje, Irmgard oder Melina.

Lammgyrossuppe

Zubereitungszeit: 40 Minuten, ohne Durchziehzeit | Garzeit: etwa 50 Minuten

8–10 Portionen | Pro Portion: E: 24 g, F: 29 g, Kh: 20 g, kJ: 1952, kcal: 466 | Für die Party

Zutaten

1 kg Lammfleisch (aus der Keule, ohne Knochen)

4 Knoblauchzehen

6 EL Olivenöl

2 EL Gyros-Gewürzsalz

1 EL gerebelter Oregano

3 kleine Gemüsezwiebeln (etwa 600 g)

je 1 rote, gelbe und grüne Paprikaschote

2 mittelgroße Zucchini

1 ½ l Gemüsebrühe

1 Dose Kidneybohnen (Abtropfgewicht 250 g)

1 Dose geschälte Tomaten (Einwaage 400 g)

Salz

frisch gemahlener Pfeffer

Paprikapulver edelsüß

2 Bund glatte Petersilie

Zubereitung

1 Lammfleisch mit Küchenpapier trocken tupfen. Lammfleisch zuerst in Scheiben, dann in Streifen oder Würfel schneiden und in eine Schüssel geben.

2 Knoblauch abziehen, durch eine Knoblauchpresse drücken und zu dem Fleisch geben. Olivenöl, Gyros-Gewürzsalz und Oregano gut untermischen und etwas durchziehen lassen.

3 Gemüsezwiebeln abziehen, halbieren, in Streifen schneiden und mit dem Fleisch vermischen.

4 Paprikaschoten halbieren, entstielen, entkernen und die weißen Scheidewände entfernen. Schotenhälften waschen, trocken tupfen und dann in Streifen schneiden. Zucchini waschen, abtrocknen und die Enden abschneiden. Zucchini in dünne Scheiben schneiden.

5 Die Fleisch-Zwiebel-Gewürz-Mischung in einem großen, flachen Topf unter Rühren anbraten (eventuell in 2 Portionen). Paprikastreifen und Zucchinischeiben hinzugeben, kurz mit andünsten. Gemüsebrühe hinzugießen und zum Kochen bringen. Die Suppe etwa 40 Minuten garen.

6 Kidneybohnen auf ein Sieb geben, mit kaltem Wasser abspülen und abtropfen lassen. Tomaten mit der Flüssigkeit und die Bohnen zu der Suppe in den Topf geben, wieder zum Kochen bringen. Mit Salz, Pfeffer und Paprika würzen. Die Zutaten noch etwa 10 Minuten ziehen lassen.

7 Petersilie abspülen und trocken tupfen. Die Blättchen von den Stängeln zupfen. Die Blättchen in feine Streifen schneiden. Die Suppe mit Petersilie bestreut servieren.

Tipp

Sie können die Suppe auch im Backofen garen. Dazu wie oben angegeben alle vorbereiteten Zutaten (das Fleisch unangebraten) in einen Bräter schichten. Den Bräter auf dem Rost in den vorgeheizten Backofen schieben. Die Suppe bei Ober-/Unterhitze: etwa 200 °C, Heißluft: etwa 180 °C etwa 75 Minuten garen.

Mexiko-Eintopf

Zubereitungszeit: 45 Minuten | Garzeit: etwa 20 Minuten

4 Portionen | Pro Portion: E: 27 g, F: 19 g, Kh: 27 g, kJ: 1660, kcal: 396 | Gut vorzubereiten

Zutaten

300 g Tatar

1 Ei (Größe M)

2 EL kernige Haferflocken

Salz

frisch gemahlener Pfeffer

1 TL mittelscharfer Senf

2 EL Speiseöl

2 Zwiebeln (etwa 100 g)

1 Knoblauchzehe

2 rote Paprikaschoten

1 kleine rote Chilischote

1 Stange Porree (Lauch)

300 ml Gemüsebrühe

1 Dose geschälte Tomaten
(Einwaage 800 g)

2 mittelgroße Zucchini (etwa 400 g)

1 Dose Kidneybohnen
(Abtropfgewicht 250 g)

1 Dose Gemüsemais
(Abtropfgewicht 140 g)

Zubereitung

1 Tatar in eine Rührschüssel geben und Ei und Haferflocken unterkneten. Mit Salz, Pfeffer und Senf würzen. Aus der Fleischmasse mit angefeuchteten Händen kleine Klößchen formen. Speiseöl in einem Topf erhitzen. Die Klößchen darin von allen Seiten braun anbraten und herausnehmen.

2 Zwiebeln und Knoblauch abziehen, grob zerkleinern. Paprikaschoten halbieren, entstielen, entkernen und die weißen Scheidewände entfernen. Schotenhälften waschen, abtropfen lassen und grob würfeln. Chilischote halbieren, entstielen und entkernen. Schotenhälften waschen, trocken tupfen und grob hacken.

3 Porree putzen, die Stange längs halbieren, gründlich waschen, abtropfen lassen und in Streifen schneiden. Zwiebel-, Knoblauch-, Chilistücke, Paprikawürfel und Porreestreifen portionsweise in dem verbliebenen Bratfett andünsten. Brühe hinzugießen, zum Kochen bringen und zugedeckt etwa 10 Minuten bei schwacher Hitze dünsten.

4 Tomaten hinzufügen und unter Rühren aufkochen lassen. Mit Salz und etwas Pfeffer abschmecken. Die Zutaten mit einem Stabmixer fein pürieren.

5 Zucchini waschen, abtrocknen und die Enden abschneiden. Eventuell der Länge nach halbieren und in Scheiben schneiden. Bohnen und Mais auf ein Sieb geben, mit kaltem Wasser abspülen und abtropfen lassen. Zucchinischeiben, Bohnen und Mais zur Tomatenmasse in den Topf geben und weitere 5–8 Minuten bei schwacher Hitze kochen lassen. Die Hackklößchen hinzugeben und etwa 3 Minuten miterhitzen.

6 Den Eintopf nochmals mit Salz und Pfeffer abschmecken.

Beilage: Herzhaftes Mischbrot.

Kohlrabitopf mit Bratwurstklößchen

Zubereitungszeit: 55 Minuten | Garzeit: etwa 25 Minuten

4 Portionen | Pro Portion: E: 13 g, F: 30 g, Kh: 11 g, kJ: 1540, kcal: 368 | Für Kinder

Zutaten

1 kg Kohlrabi

50 g Butter

2 l Gemüsebrühe

250 g Schlagsahne

1 Pck. Kartoffelpüreepulver
(für 3 Portionen)

4 grobe, ungebrühte Bratwürste
(je etwa 100 g)

Salz

frisch gemahlener Pfeffer

etwas Currypulver

2 EL glatte Petersilienstreifen

Zubereitung

1 Kohlrabi putzen, schälen, abspülen, abtropfen lassen und halbieren. Kohlrabi zuerst in Scheiben, dann in Streifen schneiden.

2 Butter in einem großen Topf zerlassen und Kohlrabistreifen darin andünsten. Gemüsebrühe und Sahne hinzufügen, zum Kochen bringen. Die Suppe etwa 15 Minuten bei schwacher Hitze unter gelegentlichem Rühren kochen lassen. Kartoffelpüreepulver unterrühren.

3 Die Bratwurstmasse portionsweise aus der Haut drücken. Aus der Masse kleine Klößchen formen und ebenfalls in die Suppe geben.

4 Die Klößchen etwa 10 Minuten in der Suppe bei schwacher Hitze gar ziehen lassen.

5 Den Kohlrabitopf mit Salz, Pfeffer und Curry abschmecken und anschließend mit Petersilie bestreut servieren.

Steckrübensuppe mit Salami und Petersilie

Zubereitungszeit: 30 Minuten | Dämpfzeit: etwa 15 Minuten

4 Portionen | Pro Portion: E: 9 g, F: 32 g, Kh: 10 g, kJ: 1530, kcal: 367 | Gut vorzubereiten

Zutaten

400 g Steckrüben

200 g Möhren

1 Zwiebel

3 Schalotten

100 g Salami, im Stück

1 EL Butter

1 l Gemüsebrühe

1 Becher (150 g) Crème fraîche

Salz, frisch gemahlener Pfeffer

2 EL Butter

1 Bund glatte Petersili

Zubereitung

1 Steckrüben und Möhren putzen, schälen, abspülen, abtropfen lassen und in Würfel schneiden. Einen Topf (mit Dämpfeinsatz, Ø etwa 24 cm) etwa 3 cm hoch mit Wasser füllen und das Wasser zum Kochen bringen. Das Gemüse in den Dämpfeinsatz legen. Den Einsatz in den Topf hängen und mit einem Deckel zudecken. Gemüse etwa 15 Minuten dämpfen.

2 Zwiebel und Schalotten abziehen, halbieren und in Scheiben schneiden. Salami in etwa 1 cm große Würfel schneiden.

3 Butter in einem Topf zerlassen. Zwiebelscheiben darin andünsten. Gemüsebrühe hinzugießen und zum Kochen bringen. Gedämpftes Gemüse hinzufügen. Die Suppe pürieren. Crème fraîche unterrühren. Die Suppe mit Salz und Pfeffer abschmecken.

4 Die Butter in einer Pfanne zerlassen. Salamiwürfel und Schalottenscheiben darin anbraten. Die Petersilie abspülen und trocken tupfen. Die Blättchen von den Stängeln zupfen. Blättchen in feine Streifen schneiden. Die Suppe mit Salamiwürfeln, Schalottenscheiben und Petersilie bestreut servieren.

Kürbissuppe mit Blutwurst

Zubereitungszeit: 40 Minuten I Garzeit: etwa 20 Minuten
4 Portionen I Pro Portion: E: 9 g, F: 44 g, Kh: 18 g, kJ: 2148, kcal: 514 I Raffiniert – für Gäste

Zutaten

750 g Kürbis, z. B. Hokkaido

1 Zwiebel

40 g Butter oder Margarine

500 ml (½ l) Gemüsebrühe

200 ml Orangensaft

3–4 Stängel Thymian

100 g geräucherter Speck, im Stück

2 Sternanis

200 g Schlagsahne

Salz

frisch gemahlener Pfeffer

1–2 EL Currypulver

etwas gemahlener Kreuzkümmel

1 geräucherte, feste Blutwurst
(Ø etwa 5 cm, etwa 100 g)

Weizenmehl

etwas Olivenöl

60 g abgezogene Haselnusskerne

1 EL Schnittlauchröllchen

Zubereitung

1 Kürbis schälen, halbieren und die Kerne mit einem Löffel herauskratzen. Das Kürbisfleisch in kleine Würfel schneiden. Zwiebel abziehen und ebenfalls in kleine Würfel schneiden.

2 Butter oder Margarine in einem Topf zerlassen und Zwiebel- und Kürbiswürfel darin andünsten. Die Brühe und Orangensaft hinzugießen.

3 Thymian abspülen und trocken tupfen. Speck, Sternanis und Thymian in die Brühe geben, dann zum Kochen bringen und etwa 20 Minuten kochen lassen.

4 Speck, Sternanis und Thymian mit einer Schaumkelle aus der Suppe nehmen. Die Suppe pürieren oder durch ein Sieb streichen.

5 Sahne hinzugießen und nochmals kurz erwärmen. Die Suppe mit Salz, Pfeffer, Curry und Kreuzkümmel abschmecken.

6 Von der Blutwurst den Darm abziehen. Blutwurst in etwa 1 cm dicke Scheiben schneiden und in Mehl wälzen.

7 Olivenöl in einer großen Pfanne erhitzen. Blutwurstscheiben darin von beiden Seiten kurz anbraten. Dann Haselnusskerne hinzufügen und kurz mitbraten lassen. Die Suppe mit Schnittlauchröllchen bestreuen, mit Blutwurstscheiben und Haselnusskernen servieren.

Geflügel-Kokos-Suppe

Zubereitungszeit: 30 Minuten | Garzeit: etwa 10 Minuten

8–10 Portionen | Pro Portion: E: 41 g, F: 11 g, Kh: 23 g, kJ: 1494, kcal: 357 | Für Gäste – exotisch

Für das Paprikaöl:

2 EL Speiseöl

1 TL Paprikapulver edelsüß

Für die Suppe:

4 Hähnchenbrustfilets
(je etwa 150 g)

4 Schalotten

2 kleine Möhren

2 Stangen Porree
(Lauch, etwa 400 g)

3–4 Stängel Koriander

2 EL Speiseöl

2 EL Weizenmehl

2 l Hühnerbrühe

1 Dose ungesüßte Kokosmilch
(400 ml)

Salz

frisch gemahlener Pfeffer

1 Für das Paprikaöl Speiseöl mit Paprika verrühren und beiseitestellen. Das Speiseöl nimmt nach 10–15 Minuten eine rötliche Farbe an.

2 Für die Suppe Hähnchenbrustfilets unter fließendem kalten Wasser abspülen, trocken tupfen und in Streifen oder Würfel schneiden.

3 Schalotten abziehen und klein würfeln. Möhren putzen, schälen, abspülen, abtropfen lassen und ebenfalls in Würfel schneiden. Porree putzen, die Stangen längs halbieren, gründlich waschen, abtropfen lassen und in Streifen schneiden. Koriander abspülen und trocken tupfen. Die Blättchen von den Stängeln zupfen.

4 Speiseöl in einem großen Topf erhitzen. Die Fleischstreifen oder -würfel darin rundherum anbraten und herausnehmen.

5 Schalotten-, Möhrenwürfel und Porreestreifen in dem verbliebenen Bratfett andünsten. Mit Mehl bestäuben und kurz unter Rühren mitdünsten lassen. Hühnerbrühe und Kokosmilch hinzugießen und gut unterrühren. Die Zutaten unter Rühren zum Kochen bringen. Fleischstreifen oder -würfel wieder hinzufügen. Die Suppe zugedeckt bei schwacher Hitze etwa 10 Minuten kochen lassen. Dann mit Salz und Pfeffer würzen.

6 Die Suppe in Tellern verteilen. Mit einigen Tropfen Paprikaöl beträufeln (am besten mithilfe einer Gabel). Die Suppe mit Korianderblättchen garnieren.

> **Tipp**
>
> Sie können auch zusätzlich abgetropfte Bambussprossen aus dem Glas in die Suppe geben. Wer es gern sehr scharf mag, kann auch dünne Ringe von roten und grünen Chilischoten hinzugeben oder die Suppe mit 1–2 Messerspitzen Sambal Oelek abschmecken. Statt der Schalotten können Sie auch 2 Zwiebeln verwenden.
>
> Paprikapulver wird in drei Schärfen angeboten: „Paprika edelsüß" zeichnet sich durch milde Schärfe und würzigen Geschmack aus. „Paprika rosenscharf" ist besonders scharf, hier wurde die ganze Frucht mit Samenkörnern und Scheidewänden vermahlen. „Delikatesspaprika" ist äußerst mild und dient eher zum Rotfärben als zum Würzen der Speisen.

Backofensuppe

Zubereitungszeit: 45 Minuten | Garzeit: etwa 60 Minuten

4 Portionen | Pro Portion: E: 34 g, F: 37 g, Kh: 28 g, kJ: 2553, kcal: 610 | Einfach

Zutaten

500 g Putenbrust

3 EL Sojasauce

1 EL Currypulver

Salz

frisch gemahlener Pfeffer

1 Dose Pfirsichhälften
(Abtropfgewicht 250 g)

1 Glas Champignonscheiben
(Abtropfgewicht 315 g)

150 g TK-Erbsen

500 g Schlagsahne

1 Pck. Currysauce mit Paprika-
stücken (für 250 ml [¼ l] Wasser)

100 ml Curry-Ketchup

250 ml (¼ l) Gemüsebrühe

Zubereitung

1 Den Backofen vorheizen.
Ober-/Unterhitze: etwa 200 °C
Heißluft: etwa 180 °C

2 Putenbrust unter fließendem kalten Wasser abspülen und trocken tupfen. Putenbrust zuerst in Scheiben, dann in Streifen schneiden. Fleischstreifen mit Sojasauce und Curry mischen, in einen Bräter geben und mit etwas Salz und Pfeffer bestreuen.

3 Pfirsichhälften auf einem Sieb abtropfen lassen, in Spalten schneiden und zu den Fleischstreifen geben. Champignonscheiben auf einem Sieb abtropfen lassen, mit den Erbsen unterrühren.

4 Sahne mit Currysaucenpulver verrühren, Ketchup und Brühe unterrühren. Dann die Sauce in den Bräter geben und gut untermischen. Den Bräter auf dem Rost in den vorgeheizten Backofen schieben und die Backofensuppe etwa 60 Minuten garen.

Tipp

Sie können Curry-Ketchup auch selbst zubereiten. Dazu 200 ml Wasser mit je 1 leicht gehäuften Teelöffel Currypulver (indisch) und Zucker zum Kochen bringen. Dann den Topf von der Kochstelle nehmen und je 2 Messerspitzen Paprikapulver rosenscharf und Sambal Oelek unterrühren. 350 ml Tomatenketchup ebenfalls unterrühren und alles unter Rühren bei schwacher Hitze etwas köcheln lassen. Den fertigen Curry-Ketchup sofort in Flaschen füllen oder gleich verwenden (ergibt 400–500 ml Ketchup).

Italienischer Puten-Gemüse-Topf

Zubereitungszeit: 25 Minuten I Garzeit: etwa 45 Minuten

4 Portionen I Pro Portion: E: 40 g, F: 7 g, Kh: 23 g, kJ: 1351, kcal: 322 I Für Kinder

Zutaten

500 g Putenfleisch (aus Keule und Brust, ohne Haut und Knochen)

1 Bund Suppengrün (Knollensellerie, Möhre, Porree)

200 g Brokkoli

1 Dose weiße Bohnen (Abtropfgewicht 450 g)

2 EL Olivenöl

Salz

frisch gemahlener Pfeffer

etwas Knoblauchpulver

500 ml (½ l) Gemüsebrühe

250 g stückige Tomaten (Tetra Pak®)

1 Pck. TK-Kräuter der Provence (25 g)

½ Topf Basilikum

Zubereitung

1 Putenfleisch unter fließendem kalten Wasser abspülen, trocken tupfen und in kleine Würfel schneiden.

2 Sellerie und Möhre putzen, schälen, abspülen, abtropfen lassen und in kleine Würfel oder Scheiben schneiden. Porree putzen, die Stange längs halbieren, gründlich waschen, abtropfen lassen und in Streifen schneiden.

3 Von dem Brokkoli die Blätter entfernen. Brokkoli in kleine Röschen teilen, waschen und abtropfen lassen. Bohnen auf ein Sieb geben, mit kaltem Wasser abspülen und abtropfen lassen.

4 Olivenöl in einem großen Topf erhitzen. Fleischwürfel darin von allen Seiten anbraten und mit Salz, Pfeffer und Knoblauch würzen. Vorbereitetes Suppengrün hinzufügen und kurz mit andünsten. Brühe hinzugießen und zum Kochen bringen. Die Zutaten zugedeckt etwa 30 Minuten bei schwacher Hitze garen.

5 Brokkoliröschen, Bohnen und Tomatenstücke mit der Flüssigkeit zu dem Fleischtopf geben. Kräuter der Provence unterrühren, mit Salz, Pfeffer und Knoblauch würzen und wieder zum Kochen bringen. Den Puten-Gemüse-Topf zugedeckt weitere etwa 15 Minuten garen.

6 In der Zwischenzeit Basilikum abspülen und trocken tupfen. Die Blättchen von den Stängeln zupfen. Den Puten-Gemüse-Topf nochmals mit den Gewürzen abschmecken und mit Basilikumblättchen bestreut servieren.

Beilage: Ofenwarmes Olivenbrot oder Ciabatta.

Tipp

Nach Belieben die Flüssigkeit mit etwas Kartoffelpüreepulver (Fertigprodukt) binden. Die Suppe mit geraspeltem Pecorino-Käse bestreuen.

Curry-Suppentopf

Zubereitungszeit: 25 Minuten I Garzeit: etwa 30 Minuten

4 Portionen I Pro Portion: E: 18 g, F: 17 g, Kh: 13 g, kJ: 1157, kcal: 278 I Für Gäste – raffiniert

Zutaten

250 g Putenschnitzel

1 kleine Zwiebel

1 kleine Stange Porree
(Lauch, etwa 150 g)

2 EL Butterschmalz

1 leicht geh. EL Currypulver

2 EL Weizenmehl

1 l Hühnerbrühe

2–3 EL Crème fraîche

Salz

frisch gemahlener Pfeffer

1 Apfel

Saft von ½ Zitrone

Zubereitung

1 Putenschnitzel unter fließendem kalten Wasser abspülen, trocken tupfen und in kleine Würfel schneiden. Zwiebel abziehen und ebenfalls klein würfeln. Porree putzen, die Stange längs halbieren, gründlich waschen, abtropfen lassen und in Streifen schneiden.

2 Butterschmalz in einem Topf erhitzen. Die Fleischwürfel darin von allen Seiten leicht anbraten und herausnehmen. Zwiebelwürfel und Porreestreifen in dem verbliebenen Bratfett andünsten.

3 Die Fleischwürfel wieder in den Topf geben, mit Curry und Mehl bestäuben und gut unterrühren. Hühnerbrühe hinzugießen. Die Suppe unter Rühren zum Kochen bringen und zugedeckt etwa 30 Minuten unter gelegentlichem Rühren bei schwacher Hitze köcheln lassen.

4 Crème fraîche unterrühren. Die Suppe mit Salz und Pfeffer würzen.

5 Den Apfel waschen, abtrocknen, vierteln, entkernen und in schmale Spalten schneiden. Apfelspalten mit Zitronensaft beträufeln, kurz vor dem Servieren in die Suppe geben und miterhitzen.

Tipp

Statt Putenschnitzel können Sie auch Hähnchenbrustfilets verwenden.

Feiner Hähnchenfleischtopf

Zubereitungszeit: 35 Minuten | Garzeit: etwa 30 Minuten

4 Portionen | Pro Portion: E: 53 g, F: 12 g, Kh: 16 g, kJ: 1794, kcal: 406 | Mit Alkohol

Zutaten

2 Hähnchenbrustfilets (etwa 375 g)

2 Hähnchenkeulen
(etwa 500 g, ohne Haut und Knochen)

250 g festkochende Kartoffeln

2 Möhren (etwa 200 g)

1 Kohlrabi (etwa 200 g)

1 Bund Frühlingszwiebeln
(etwa 250 g)

250 g grüner Spargel

2 EL Speiseöl

Salz

frisch gemahlener Pfeffer

1 EL Tomatenmark

300 ml Hühnerbrühe

100 ml trockener Weißwein, z. B.
Riesling

½ Bund Kerbel

Zubereitung

1 Hähnchenbrustfilets und Hähnchenkeulen unter fließendem kalten Wasser abspülen und trocken tupfen. Filets in kleine Stücke schneiden. Das Fleisch der Hähnchenkeulen von den Knochen lösen und ebenfalls in kleine Stücke schneiden.

2 Kartoffeln schälen, abspülen und abtropfen lassen. Möhren putzen, schälen, abspülen und abtropfen lassen. Kohlrabi schälen, abspülen und abtropfen lassen. Kartoffeln, Möhren und Kohlrabi zuerst in Scheiben, dann in Stifte schneiden. Frühlingszwiebeln putzen, waschen, abtropfen lassen und in 3 cm lange Stücke schneiden.

3 Vom Spargel das untere Drittel schälen und die unteren Enden abschneiden (holzige Stellen vollkommen entfernen). Spargelstangen waschen, abtropfen lassen und in etwa 3 cm lange Stücke schneiden.

4 Dann jeweils etwas Speiseöl in einem großen Topf erhitzen. Die Hähnchenfleischstücke darin portionsweise von allen Seiten anbraten. Mit Salz und Pfeffer würzen. Kartoffel-, Möhren- und Kohlrabistifte hinzugeben und mit andünsten. Tomatenmark unterrühren. Die Hälfte der Brühe hinzugießen. Die Zutaten zum Kochen bringen und zugedeckt etwa 10 Minuten garen.

5 Restliche Brühe und Wein hinzugießen, wieder zum Kochen bringen und zugedeckt weitere etwa 10 Minuten bei schwacher Hitze garen. In der Zwischenzeit Kerbel abspülen und trocken tupfen. Die Blättchen von den Stängeln zupfen.

6 Spargel- und Frühlingszwiebelstücke zum Hähnchenfleischtopf geben und mit Salz und Pfeffer würzen. Einige Kerbelblättchen unterrühren. Die Suppe wieder zum Kochen bringen und weitere etwa 10 Minuten bei schwacher Hitze garen.

7 Dann den Hähnchenfleischtopf mit Salz und Pfeffer abschmecken und mit den restlichen Kerbelblättchen bestreut servieren.

128   Suppen und Eintöpfe mit Geflügel

Rotes Thai-Curry mit Hähnchen

Zubereitungszeit: 30 Minuten | Garzeit: 25–30 Minuten

4 Portionen | Pro Portion: E: 38 g, F: 26 g, Kh: 54 g, kJ: 2505, kcal: 601 | Exotisch

Zutaten

4 Hähnchenbrustfilets (je etwa 140 g)

2 Möhren

1 Süßkartoffel

1 kleine oder halbe Sellerieknolle

2 EL Speiseöl

1 EL rote Currypaste
(aus dem Asialaden)

1 große Dose Ananasstücke
(Abtropfgewicht 500 g)

1 Stängel Zitronengras
(aus dem Asialaden)

1 Dose ungesüßte Kokosmilch
(400 ml)

500 ml (½ l) Hühner- oder
Gemüsebrühe

5 Limettenblätter
(aus dem Asialaden)

2 frische rote Peperoni

etwas Fischsauce
(aus dem Asialaden)

1 kleines Bund Basilikum

Zubereitung

1 Hähnchenbrustfilets unter fließendem kalten Wasser abspülen, trocken tupfen und in feine Streifen schneiden. Möhren, Süßkartoffeln und Sellerie schälen, putzen und in etwa 1 cm kleine Würfel schneiden.

2 Öl in einem Topf erhitzen und die Currypaste darin kurz andünsten. Hähnchenfleisch dazugeben und kurz anbraten. Ananasstücke mit Saft dazugießen. Gemüsewürfel dazugeben, alles gut vermengen und zum Kochen bringen.

3 In der Zwischenzeit Zitronengras mit einem kleinen Topf auf einem Schneidebrett zerdrücken und zusammen mit Kokosmilch, Brühe und Limettenblättern dazugeben. Alles wieder zum Kochen bringen.

4 Peperoni putzen, waschen, mit Kernen in Ringe schneiden und in das Curry geben. Das Curry mit Fischsauce würzen und 25–30 Minuten zugedeckt bei schwacher Hitze köcheln lassen.

5 Basilikum waschen und trocken tupfen. Blätter von den Stängeln zupfen und 5 Minuten vor Ende der Garzeit in das Curry geben. Das Curry mit Salz und Fischsauce abschmecken und Zitronengras und Limettenblätter herausnehmen. Das Curry in Schälchen oder Schüsseln verteilen und servieren.

Tipp

Dazu passt leckerer Duftreis (Basmatireis).

Winterlicher Puteneintopf

Zubereitungszeit: 50 Minuten | Garzeit: etwa 80 Minuten

4–6 Portionen | Pro Portion: E: 30 g, F: 11 g, Kh: 18 g, kJ: 1238, kcal: 296 | Raffiniert

Zutaten

2 Putenunterkeulen (etwa 1 ½ kg)

1 ½ l Salzwasser

500 g festkochende Kartoffeln

350 g Möhren

½ Kopf Wirsing (etwa 400 g)

1 kleiner Blumenkohl (etwa 500 g)

Salz

frisch gemahlener Pfeffer

gekörnte Hühnerbrühe (Instant)

½ Bund glatte Petersilie

Zubereitung

1 Putenunterkeulen unter fließendem kalten Wasser abspülen und trocken tupfen. Salzwasser in einem Topf zum Kochen bringen. Putenunterkeulen hinzugeben, wieder zum Kochen bringen und abschäumen. Die Putenkeulen zugedeckt etwa 60 Minuten bei schwacher Hitze garen.

2 Kartoffeln schälen, abspülen, abtropfen lassen. Möhren putzen, schälen, abspülen und ebenfalls abtropfen lassen. Kartoffeln und Möhren in Würfel schneiden.

3 Von dem Wirsing die groben, äußeren Blätter entfernen. Den Wirsing halbieren und den Strunk herausschneiden. Wirsingviertel in Streifen schneiden, abspülen und abtropfen lassen. Von dem Blumenkohl die Blätter und schlechten Stellen entfernen. Blumenkohl in Röschen teilen, waschen und abtropfen lassen.

4 Die garen Putenunterkeulen aus der Brühe nehmen und etwas abkühlen lassen. Kartoffel-, Möhrenwürfel, Wirsingstreifen und Blumenkohlröschen in die Brühe geben, wieder zum Kochen bringen und zugedeckt etwa 20 Minuten bei schwacher Hitze garen.

5 Von den Putenkeulen die Haut abziehen und das Fleisch von den Knochen und Sehnen lösen. Fleisch in Stücke schneiden. Die Fleischstücke nach Ende der Garzeit in den Eintopf geben und miterhitzen. Mit Salz, Pfeffer und Instant-Hühnerbrühe würzen.

6 Petersilie abspülen und trocken tupfen. Die Blättchen von den Stängeln zupfen. Die Blättchen in feine Streifen schneiden. Petersilienstreifen in den Eintopf geben.

Tipp

Den Eintopf mit Speckstreifen belegt servieren. Dafür etwas Butterschmalz in einer Pfanne erhitzen. Streifen von geräuchertem Schwarzwälder Schinkenspeck hinzugeben und kross anbraten.
Den Eintopf können Sie statt mit Blumenkohl auch mit Schwarzwurzeln zubereiten.

Indischer Dal

Zubereitungszeit: 30 Minuten | Garzeit: etwa 40 Minuten

4 Portionen | Pro Portion: E: 43 g, F: 16 g, Kh: 63 g, kJ: 2393, kcal: 572 | Raffiniert

Zutaten

400 g Toor Dal (gelbe Linsen)

50 g Ingwerwurzel

1 EL Kurkuma (Gelbwurz)

2 l Hühnerbrühe

Salz

1 Zucchini

2 große Tomaten

1 Hähnchenbrustfilet (etwa 200 g)

1 Bio-Limette
(unbehandelt, ungewachst)

2 grüne Chilischoten

1 Bund Koriander

100 g Joghurt

100 g geröstete Cashewkerne

Zubereitung

1 Linsen auf ein Sieb geben, unter fließendem kalten Wasser abspülen und abtropfen lassen. Ingwer schälen und fein reiben. Linsen mit Ingwer, Kurkuma und Hühnerbrühe in einem Topf zum Kochen bringen. Mit Salz würzen. Linsen zugedeckt etwa 30 Minuten bei schwacher Hitze kochen lassen.

2 Zucchini waschen, abtrocknen und die Enden abschneiden. Die Zucchini in etwa 1 cm große Würfel schneiden. Tomaten waschen, trocken tupfen, vierteln, entkernen und die Stängelansätze entfernen. Tomatenviertel ebenfalls in etwa 1 cm große Würfel schneiden.

3 Hähnchenbrustfilet unter fließendem kalten Wasser abspülen, trocken tupfen und dann in Streifen schneiden. Limette heiß abwaschen, abtrocknen und die Schale abreiben. Limette halbieren und den Saft auspressen. Chilischoten abspülen, trocken tupfen und in feine Ringe schneiden. Koriander abspülen und trocken tupfen. Die Blättchen von den Stängeln zupfen. Blättchen klein schneiden.

4 Hähnchenbrustfiletstreifen, Zucchini- und Tomatenwürfel zu den gegarten Linsen in den Topf geben und etwa 10 Minuten bei schwacher Hitze gar ziehen lassen.

5 Den Eintopf mit Limettenschale, -saft und Chiliringen würzen. Den Eintopf in Tellern anrichten. Mit Joghurt, Cashewkernen und Koriander servieren.

Tipp

Dal ist die Bezeichnung für Hülsenfrüchte auf Hindi.

Hähnchen-Gemüse-Eintopf

Zubereitungszeit: 45 Minuten, ohne Abkühlzeit I Garzeit: etwa 35 Minuten

4 Portionen I Pro Portion: E: 44 g, F: 12 g, Kh: 31 g, kJ: 1710, kcal: 409 I Klassisch – für Kinder

Zutaten

2 Hähnchenbrüste
(mit Knochen, etwa 800 g)

1 ½ l Wasser

Salz

frisch gemahlener Pfeffer

1 Lorbeerblatt

2 Pimentkörner (Nelkenpfeffer)

2 Zwiebeln

1 Bund Suppengrün (Knollensellerie,
Möhren, Porree, etwa 400 g)

750 g festkochende Kartoffeln

3 Möhren

1 Stange Porree (Lauch)

etwas frische Petersilie

Zubereitung

1 Hähnchenbrüste unter fließendem kalten Wasser abspülen und trocken tupfen. Wasser mit Salz, Pfeffer, Lorbeerblatt und Pimentkörnern in einem großen Topf zum Kochen bringen. Zwiebeln abziehen, halbieren und in schmale Spalten schneiden. Hähnchenbrüste und Zwiebelspalten hinzugeben, zum Kochen bringen und zugedeckt etwa 10 Minuten bei mittlerer Hitze garen.

2 In der Zwischenzeit Sellerie und Möhren putzen, schälen, abspülen, abtropfen lassen und in Stücke schneiden. Porree putzen, die Stange längs halbieren, gründlich waschen, abtropfen lassen und klein schneiden. Das vorbereitete Suppengrün zu der Hähnchenbrust in den Topf geben und wieder zum Kochen bringen. Die Zutaten zugedeckt weitere etwa 15 Minuten kochen lassen.

3 Kartoffeln schälen, abspülen, abtropfen lassen und in Würfel schneiden. Möhren putzen, schälen, abspülen, abtropfen lassen und in Stifte schneiden. Kartoffelwürfel und Möhrenstifte zu der Hähnchenbrust in die Brühe geben und etwa 7 Minuten mitgaren lassen.

4 Die Hähnchenbrust aus der Brühe nehmen und etwas abkühlen lassen. Das Fleisch von den Knochen lösen und die Haut entfernen. Das Fleisch in kleine Stücke schneiden.

5 Porree putzen, die Stange längs halbieren, gründlich waschen, abtropfen lassen und in Streifen schneiden. Fleischstücke und Porreestreifen in den Eintopf geben, zugedeckt weitere etwa 5 Minuten bei schwacher Hitze kochen lassen.

6 Den Eintopf mit Salz und Pfeffer abschmecken. Petersilie abspülen und trocken tupfen. Die Blättchen von den Stängeln zupfen. Blättchen klein schneiden. Den Eintopf mit Petersilie bestreuen und servieren.

Tipp

Eine ganz besondere, leicht frische Note erhält der Eintopf, wenn Sie in den letzten 5 Minuten eine geschälte, in Scheiben geschnittene Zitrone mitgaren.

Hähnchentopf, indisch

Zubereitungszeit: 25 Minuten | Garzeit: etwa 40 Minuten

8–10 Portionen | Pro Portion: E: 45 g, F: 34 g, Kh: 30 g, kJ: 2570, kcal: 615 | Für die Party – raffiniert

Zutaten

2 Dosen Ananasstücke
(Abtropfgewicht je 350 g)

2 kg Hähnchenfleisch
(Brust und Keule, ohne Haut)

5 EL Speiseöl

50 g Currypulver

Salz

frisch gemahlener Pfeffer

gemahlener Kümmelsamen

gemahlener Koriander

2 l Geflügelbrühe

Ananassaft aus den Dosen

2 rote Chilischoten

750 g rote Linsen

30 g Speisestärke

3 EL kaltes Wasser

1 Topf Koriander

evtl. rote Chilischoten

Zubereitung

1 Ananasstücke auf einem Sieb abtropfen lassen, dabei den Saft auffangen. Hähnchenfleisch unter fließendem kalten Wasser abspülen und trocken tupfen. Hähnchenfleisch mit einer Geflügelschere in jeweils 3 Teile teilen.

2 Jeweils die Hälfte des Speiseöls in einem Bräter erhitzen und Geflügelteile darin in 2 Portionen von allen Seiten gut anbraten. Mit Curry, Salz, Pfeffer, Kümmel und Koriander würzen, kurz mitdünsten lassen.

3 Die Hälfte der Brühe und den aufgefangenen Ananassaft hinzugießen und zum Kochen bringen. Den Hähnchentopf zugedeckt etwa 25 Minuten bei schwacher Hitze kochen lassen.

4 Chilischoten längs aufschneiden, entstielen und entkernen. Chilischoten abspülen, trocken tupfen und in Ringe schneiden. Linsen, Ananasstücke, Chiliringe und restliche Brühe in den Hähnchentopf geben, zum Kochen bringen und zugedeckt weitere etwa 15 Minuten kochen lassen.

5 Speisestärke mit Wasser anrühren, in den Fleischtopf rühren und unter Rühren aufkochen lassen.

6 Koriander abspülen und trocken tupfen. Die Blättchen von den Stängeln zupfen. Einige Blättchen zum Garnieren beiseitelegen. Korianderblättchen unter den Hähnchentopf rühren. Nochmals mit den Gewürzen abschmecken.

7 Den Hähnchentopf mit den beiseitegelegten Korianderblättchen und nach Belieben mit abgespülten und trocken getupften Chilischoten garniert servieren.

Beilage: Bandnudeln oder eine Reis-Wildreis-Mischung.

Tipp

Statt Ananas aus der Dose 1 frische Ananas (geschält und gewürfelt) verwenden und etwas Mango-Chutney unterrühren.

Hühnerbrühe

Zubereitungszeit: 30 Minuten, ohne Kühlzeit | Garzeit: 1 ½–2 Stunden
6–8 Portionen | Pro Portion: E: 17 g, F: 17 g, Kh: 2 g, kJ: 954, kcal: 229 | Klassisch

Zutaten

1 Suppenhuhn (etwa 1 ½ kg)

2–3 l Wasser

1 EL Salz

1 Bund Suppengrün (Knollensellerie, Möhre, Porree, Petersilie)

1 Knoblauchzehe

10 weiße Pfefferkörner

2 Lorbeerblätter

1 Kräutersträußchen (3 Stängel Petersilie, 2–3 Stängel Thymian)

Zubereitung

1 Suppenhuhn innen und außen unter fließendem kalten Wasser abspülen und trocken tupfen. Wenn nötig, Innereien entfernen.

2 Wasser in einem großen Topf zum Kochen bringen. Das Huhn in das kochende Wasser geben und wieder zum Kochen bringen. Dabei den Schaum mit einer Schaumkelle abschöpfen. Das Huhn 1 ½–2 Stunden kochen lassen. Wenn nötig, etwas kaltes Wasser hinzugießen. Salz hinzugeben.

3 Sellerie und Möhre putzen, schälen, abspülen, abtropfen lassen und grob zerkleinern. Porree putzen, die Stange längs halbieren, gründlich waschen und abtropfen lassen. Petersilie abspülen und trocken tupfen. Knoblauch abziehen.

4 Vorbereitetes Suppengrün mit Knoblauch, Pfefferkörnern und Lorbeerblättern nach etwa 60 Minuten Garzeit in die Brühe geben und mitgaren lassen.

5 Kräutersträußchen abspülen und trocken tupfen. Etwa 15 Minuten vor Ende der Garzeit das Kräutersträußchen in die Brühe geben und ziehen lassen.

6 Das Huhn aus der Suppe nehmen. Die Brühe durch ein feines Sieb gießen.

7 Das Huhn enthäuten, das Fleisch von den Knochen lösen, in Stücke schneiden und als Suppeneinlage verwenden. Sie können es auch für einen Salat oder Sandwich nehmen.

Tipp

Die Hühnerbrühe ist die ideale Basis für einen Risotto, ergibt aber auch mit frischen Kräutern und ein paar Gemüsestreifen eine gute Suppe. Etwas Portwein oder Sherry verbessert den Geschmack. Den Rest der Brühe kann man gut einfrieren.

Kartoffel-Kokos-Suppe mit Hähnchen

Zubereitungszeit: 25 Minuten | Garzeit: etwa 20 Minuten
4 Portionen | Pro Portion: E: 10 g, F: 20 g, Kh: 9 g, kJ: 1156, kcal: 279 | Raffiniert

Zutaten

5 Stängel Zitronengras
(erhältlich im Asialaden)

200 g Kartoffeln

20 g Ingwerwurzel

1 EL Speiseöl

500 ml (½ l) Hühnerbrühe

1 Dose Kokosmilch (400 ml)

250 g Hähnchenbrustfilet

1 EL Speiseöl

Salz

frisch gemahlener Pfeffer

etwas Zitronensaft

Zubereitung

1 Zitronengrasstängel putzen, zuerst quer halbieren, dann der Länge nach durchschneiden. Die Zitronengrasstücke abspülen, trocken tupfen und etwas flach klopfen, damit sich das Aroma besser entfalten kann. 4 Zitronengrasstängelstücke zum Garnieren beiseitelegen.

2 Kartoffeln waschen, schälen, abspülen, abtropfen lassen und in Würfel schneiden. Ingwer schälen, abspülen, abtropfen lassen und klein schneiden.

3 Das Speiseöl in einem Topf erhitzen und Zitronengrasstücke, Kartoffelwürfel und Ingwerstückchen darin andünsten. Mit Brühe ablöschen, Kokosmilch hinzugießen. Die Zutaten zum Kochen bringen und zugedeckt etwa 20 Minuten bei schwacher Hitze kochen lassen.

4 Hähnchenbrustfilet unter fließendem kalten Wasser abspülen, trocken tupfen und in etwa 2 cm große Würfel schneiden. Speiseöl in einer Pfanne erhitzen und Hähnchenbrustfiletwürfel darin von allen Seiten anbraten. Mit Salz, Pfeffer und etwas Zitronensaft würzen.

5 Dann die mitgegarten Zitronengrasstücke mit einem Schaumlöffel aus der Suppe nehmen. Die Suppe fein pürieren. Mit Salz und Pfeffer abschmecken.

6 Hähnchenbrustfiletwürfel hinzugeben und in der Suppe erhitzen. Beiseitegelegte Zitronengrasstängelstücke zerteilen. Die Suppe damit garnieren.

Tipp

Zitronengras ist eine grasähnliche Gewürzpflanze. Es wird frisch, getrocknet oder als Pulver angeboten. Frisches Zitronengras wird nur mitgekocht, aber nicht verzehrt.

Fischeintopf mit Pizzabrötchen

Zubereitungszeit: 50 Minuten, ohne Teiggeh- und Auftauzeit I Backzeit: 15–18 Minuten I Garzeit: etwa 40 Minuten
4 Portionen I Pro Portion: E: 30 g, F: 37 g, Kh: 57 g, kJ: 2865, kcal: 684 I Für Gäste

Zutaten

Zum Vorbereiten:

1 Pck. (400 g) TK-Seelachs- oder Rotbarschfilet

Für die Pizzabrötchen (Hefeteig):

200 g Weizenmehl

½ Pck. (3–4 g) Dr. Oetker Trockenbackhefe

1 EL Olivenöl

1 Prise Salz

100 ml warmes Wasser

Für den Eintopf:

400 g festkochende Kartoffeln

400 g Möhren

1 Fenchelknolle (300–400 g)

3 Gläser (je 400 ml) Fischfond

Salz

frisch gemahlener Pfeffer

Für die Knoblauchmayonnaise:

1–2 Knoblauchzehen

150 g Mayonnaise

Zubereitung

1 Zum Vorbereiten Fischfilets auftauen lassen.

2 Für die Pizzabrötchen Mehl in eine Rührschüssel sieben und mit der Hefe sorgfältig vermischen. Öl, Salz und Wasser hinzufügen. Die Zutaten mit Handrührgerät mit Knethaken zunächst kurz auf niedrigster, dann auf höchster Stufe in etwa 5 Minuten zu einem Teig verarbeiten. Den Teig zugedeckt so lange an einem warmen Ort gehen lassen, bis er sich sichtbar vergrößert hat (etwa ½–1 Stunde). Inzwischen den Backofen vorheizen.
Ober-/Unterhitze: 200–220 °C
Heißluft: 180–200 °C

3 Den gegangenen Teig leicht mit Mehl bestäuben, aus der Schüssel nehmen und auf der bemehlten Arbeitsfläche nochmals gut durchkneten. Den Teig in vier gleich große Stücke teilen, Brötchen daraus formen und auf ein mit Backpapier belegtes Backblech legen. Das Backblech in den vorgeheizten Backofen schieben. Die Brötchen 15–18 Minuten backen.

4 Die Brötchen auf einen Kuchenrost legen, etwas abkühlen lassen und lauwarm oder kalt servieren.

5 Für den Eintopf Kartoffeln schälen und abspülen. Möhren schälen, putzen und waschen. Von dem Fenchel die Stiele dicht oberhalb der Knolle abschneiden und dunkle Stellen und Blätter entfernen, dabei etwas Fenchelgrün zum Garnieren beiseitelegen. Das Wurzelende gerade schneiden, die Knolle waschen und abtropfen lassen. Kartoffeln, Möhren und Fenchel in Würfel schneiden.

6 Fischfond in einen Topf geben und zum Kochen bringen. Kartoffel-, Möhren- und Fenchelwürfel hinzufügen und zugedeckt etwa 30 Minuten bei schwacher Hitze kochen lassen.

7 In der Zwischenzeit die aufgetauten Fischfilets unter fließendem kalten Wasser abspülen, trocken tupfen und in mundgerechte Stücke schneiden. Filetstücke in die Suppe geben und zugedeckt 10 Minuten bei schwacher Hitze darin gar ziehen lassen.

8 Für die Knoblauchmayonnaise Knoblauch abziehen, fein hacken und mit der Mayonnaise verrühren.

9 Beiseitegelegtes Fenchelgrün abspülen, trocken tupfen und in kleine Zweige zupfen. Den Eintopf mit Salz und Pfeffer würzen und mit dem Fenchelgrün bestreuen. Pizzabrötchen und Knoblauchmayonnaise zu dem Fischeintopf servieren.

Tipp

Für die Knoblauchmayonnaise sollte der Knoblauch ganz fein gehackt werden.

Fenchelsuppe mit Miesmuscheln

Zubereitungszeit: 30 Minuten | Garzeit Muscheln: etwa 5 Minuten | Garzeit Suppe: etwa 5 Minuten
4 Portionen | Pro Portion: E: 8 g, F: 7 g, Kh: 15 g, kJ: 940, kcal: 224 | Mit Alkohol

Zutaten

1 kg frische Miesmuscheln

100 ml Ricard oder Pernod (Anislikör)

200 ml trockener Weißwein

4 Schalotten

1 Fenchelknolle

1 Bio-Orange
(unbehandelt, ungewachst)

2 Stängel Thymian

2–3 EL Olivenöl

2 Gläser Fischfond (je 400 ml)

Salz

frisch gemahlener Pfeffer

Zubereitung

1 Die Muscheln in reichlich kaltem Wasser gründlich waschen. Muscheln einzeln abbürsten, bis sie nicht mehr sandig sind (Muscheln, die sich beim Waschen öffnen, sind nicht genießbar). Eventuell die Fäden (Bartbüschel) entfernen.

2 Den Wok erhitzen und die Muscheln hineingeben. Sofort Anislikör und Wein hinzugießen. Den Wok mit dem Deckel verschließen und die Muscheln unter gelegentlichem Schwenken etwa 5 Minuten bei mittlerer Hitze garen.

3 Die Muscheln auf ein Sieb geben und den Kochsud auffangen (Muscheln, die sich nach dem Garen nicht öffnen, sind ungenießbar). Etwa 12 Muscheln mit der Schale zum Garnieren beiseitelegen. Aus den restlichen Muscheln das Muschelfleisch herauslösen und beiseitelegen.

4 Schalotten abziehen, zuerst in feine Scheiben schneiden, dann in Ringe teilen. Von der Fenchelknolle etwas Fenchelgrün abschneiden, abspülen, trocken tupfen und zum Garnieren beiseitelegen. Die Stiele dicht oberhalb der Knolle abschneiden. Braune Stellen und Blätter entfernen. Wurzelende gerade schneiden. Die Knolle waschen, abtropfen lassen, halbieren und in feine Streifen schneiden.

5 Orange heiß abwaschen, abtrocknen und die Schale dünn abschälen oder mit einem Zestenreißer abziehen. Orangenschale in feine Streifen schneiden. Thymian abspülen und trocken tupfen. Die Blättchen von den Stängeln zupfen.

6 Olivenöl in einem Wok erhitzen und Schalottenringe und Fenchelstreifen darin kurz andünsten. Den aufgefangenen Muschelsud und Fischfond hinzugießen und aufkochen lassen. Orangenschale und Thymianblättchen hinzufügen. Die Suppe etwa 5 Minuten leicht kochen lassen. Mit Salz und Pfeffer abschmecken.

7 Die beiseitegelegten Muscheln und das Muschelfleisch in die Suppe geben und heiß werden lassen. Die Suppe in 4 vorgewärmte Schalen geben. Mit dem beiseitegelegten Fenchelgrün und den Thymianblättchen garnieren.

Beilage: Ofenfrisches Baguette und Aioli (Knoblauchcreme).

Fenchel-Zitronen-Suppe mit Lachs

Zubereitungszeit: 30 Minuten | Garzeit: etwa 20 Minuten

4 Portionen | Pro Portion: E: 13 g, F: 6 g, Kh: 13 g, kJ: 690, kcal: 165 | Raffiniert

Zutaten

2 Fenchelknollen (etwa 400 g)

3 Möhren (etwa 200 g)

2 mehligkochende Kartoffeln
(etwa 250 g)

1 EL Olivenöl

750 ml (¾ l) Gemüsebrühe

2 Lorbeerblätter

1 gestr. TL Currypulver

1 Bio-Zitrone
(unbehandelt, ungewachst)

200 g frischer Lachs

Salz

1 Msp. gemahlener Piment

5 Stängel glatte Petersilie

Zubereitung

1 Von den Fenchelknollen die Stiele dicht oberhalb der Knollen abschneiden. Braune Stellen und Blätter entfernen (etwas Fenchelgrün beiseitelegen). Die Wurzelenden gerade schneiden. Knollen waschen, abtropfen lassen, halbieren und in kleine Würfel schneiden. Möhren putzen, schälen, abspülen, abtropfen lassen und klein würfeln. Kartoffeln schälen, abspülen, abtropfen lassen und ebenfalls in kleine Würfel schneiden.

2 Olivenöl in einem Topf erhitzen. Vorbereitete Gemüse- und Kartoffelwürfel darin eventuell portionsweise unter Rühren andünsten. Danach Gemüsebrühe, Lorbeerblätter und Curry hinzufügen und unterrühren. Die Zutaten zum Kochen bringen und zugedeckt etwa 15 Minuten kochen lassen. Lorbeerblätter entfernen.

3 In der Zwischenzeit Zitrone heiß abwaschen und abtrocknen. Die Hälfte der Schale abreiben und beiseitelegen. Zitrone halbieren und auspressen.

4 Lachs unter fließendem kalten Wasser abspülen, trocken tupfen und in etwa 1 cm große Würfel schneiden. Lachswürfel mit Zitronensaft beträufeln, mit Salz und Piment bestreuen.

5 Die beiseitegelegte Zitronenschale unter die Suppe rühren. Die Suppe fein pürieren und nochmals unter Rühren aufkochen lassen. Die Lachswürfel hinzufügen und in etwa 5 Minuten bei schwacher Hitze gar ziehen lassen. Suppe eventuell nochmals mit Salz, Curry und Piment abschmecken.

6 Petersilie abspülen und trocken tupfen. Die Blättchen von den Stängeln zupfen. Die Blättchen klein schneiden. Beiseitegelegtes Fenchelgrün ebenfalls abspülen, trocken tupfen und klein schneiden.

7 Die Suppe mit den Kräutern bestreut servieren.

Tipp

Statt des frischen Lachses können Sie ebenso gut TK-Lachs verwenden. Dafür den Lachs nach Packungsanweisung auftauen lassen. Achten Sie beim Kauf von Fenchel darauf, dass die Knollen möglichst weiß und makellos sind. Braune Flecken und Druckstellen sind ein Hinweis darauf, dass die Knollen nicht mehr ganz frisch sind. Fenchel in Frischhaltefolie verpacken und im Kühlschrank aufbewahren, damit er nicht austrocknet und zäh wird.

Selleriecremesuppe mit Forellenfilets

Zubereitungszeit: 25 Minuten I Garzeit: etwa 20 Minuten

4 Portionen I Pro Portion: E: 13 g, F: 11 g, Kh: 8 g, kJ: 815, kcal: 195 I Für Gäste – raffiniert

Zutaten

1 Gemüsezwiebel (etwa 250 g)

1 Knollensellerie (etwa 800 g)

2 EL Speiseöl

800 ml Gemüsebrühe

Salz

Cayennepfeffer

25 g Pinienkerne

2 geräucherte Forellenfilets
(je 60–70 g)

200 ml Milch

1 TL Apfelessig

evtl. glatte Petersilienblättchen

Zubereitung

1 Gemüsezwiebel abziehen, halbieren und in Würfel schneiden. Sellerie putzen, schälen, abspülen, abtropfen lassen und in Stücke schneiden. Speiseöl in einem Topf erhitzen. Die Zwiebelwürfel darin unter gelegentlichem Rühren andünsten. Selleriestücke hinzugeben und 2–3 Minuten unter Rühren mit andünsten.

2 Brühe hinzugießen, mit Salz und Cayennepfeffer würzen. Die Zutaten zum Kochen bringen und zugedeckt etwa 20 Minuten kochen lassen, bis die Selleriestücke weich sind. Die Suppe mit dem Stabmixer fein pürieren.

3 In der Zwischenzeit Pinienkerne in einer Pfanne ohne Fett unter Rühren goldbraun rösten, herausnehmen und auf einem Teller abkühlen lassen. Forellenfilets in mundgerechte Stücke zupfen, eventuell die Gräten entfernen.

4 Milch unter die pürierte Selleriesuppe rühren und unter Rühren kurz erwärmen. Die Suppe mit Essig, Salz und Cayennepfeffer abschmecken. Die Suppe in 4 Tellern verteilen. Mit Pinienkernen und Forellenfilets anrichten. Die Suppe nach Belieben mit abgespülten und trocken getupften Petersilienblättchen garnieren.

Tipp

Statt Forellenfilets können Sie auch die gleiche Menge Räucherlachs (in Streifen) oder Krabbenfleisch verwenden. Wer keinen Fisch mag, kann den Fisch durch etwas Gartenkresse ersetzen. Die Pinienkerne können auch durch Sonnenblumenkerne ausgetauscht werden.

Pikanter Garnelentopf

Zubereitungszeit: 40 Minuten, ohne Auftauzeit | Garzeit: etwa 25 Minuten

4 Portionen | Pro Portion: E: 33 g, F: 8 g, Kh: 26 g, kJ: 1301, kcal: 311 | Für Gäste

Zutaten

300 g TK-Seelachsfilet

250 g TK-Garnelen (ohne Schale)

300 g TK-Brechbohnen

1 kleine Fenchelknolle (etwa 200 g)

200 g Cocktailtomaten

1 Bund Zitronenthymian

2 EL Olivenöl

1 l Gemüsebrühe

100 g Suppennudeln, z. B. Muschelnudeln

Salz

frisch gemahlener Pfeffer

Knoblauchpulver

2–3 EL süße Chilisauce

Zubereitung

1 Seelachsfilet, Garnelen und Brechbohnen jeweils getrennt nach Packungsanleitung auftauen lassen. In der Zwischenzeit von der Fenchelknolle die Stiele dicht oberhalb der Knolle abschneiden. Braune Stellen und Blätter entfernen. Knolle waschen, abtropfen lassen, zuerst in Scheiben, dann in Würfel schneiden.

2 Tomaten waschen, abtrocknen, halbieren und die Stängelansätze entfernen. Thymian abspülen und trocken tupfen. Die Blättchen von den Stängeln zupfen.

3 Seelachsfilet unter fließendem kalten Wasser abspülen, trocken tupfen und in kleine Würfel schneiden. Von den Garnelen eventuell den Darm entfernen. Dafür die Garnelen mit einem spitzen Messer am Rücken aufschneiden, den schwarzen Faden (Darm) entfernen. Garnelen abspülen und trocken tupfen.

4 Olivenöl in einem großen Topf erhitzen und Fenchelwürfel darin andünsten. Brühe hinzugießen und zum Kochen bringen. Die Fenchelwürfel etwa 10 Minuten kochen lassen. Dann die aufgetauten Bohnen hinzugeben. Die Zutaten wieder zum Kochen bringen und zugedeckt weitere etwa 5 Minuten bei schwacher Hitze kochen lassen.

5 Die Suppennudeln hinzugeben und nochmals etwa 5 Minuten kochen lassen. Fischwürfel, Garnelen und Tomatenhälften hinzufügen und in etwa 5 Minuten gar ziehen lassen. Den Garnelentopf mit Salz, Pfeffer, Knoblauch und Chilisauce würzen, Thymianblättchen unterrühren.

Tipp

Statt Seelachsfilet können Sie auch Rotbarsch-, Pangasius- oder Lachsfilet verwenden.

Mediterraner Fischeintopf

Zubereitungszeit: 60 Minuten, ohne Auftauzeit I Garzeit: etwa 10 Minuten

4 Portionen I Pro Portion: E: 27 g, F: 9 g, Kh: 9 g, kJ: 957, kcal: 228 I Für Gäste – etwas teurer

Zutaten

300 g TK-Venusmuscheln

300 g kleine TK-Tintenfische

150 g TK-Shrimps

400 g küchenfertige TK-Rotbarben

2 Gläser Miesmuschelfleisch
(Abtropfgewicht je 120 g)

3 Zucchini (etwa 500 g)

5 Fleischtomaten

6 EL Olivenöl

1,2 l Fischfond oder Gemüsebrühe

4 Knoblauchzehen

2 Pck. TK-Kräuter der Provence

Salz

frisch gemahlener Pfeffer

1 Bund Zitronenthymian

Zubereitung

1 TK-Meeresfrüchte und -fische nach Packungsanleitung auftauen lassen, anschließend unter fließendem kalten Wasser abspülen und trocken tupfen. Rotbarben in Stücke schneiden, dabei eventuell Gräten entfernen. Miesmuscheln auf einem Sieb abtropfen lassen.

2 Zucchini waschen, abtrocknen und die Enden abschneiden. Zucchini längs halbieren und in dicke Scheiben schneiden.

3 Tomaten kreuzweise einschneiden und kurz in kochendes Wasser legen, dann in kaltem Wasser abschrecken, enthäuten und Stängelansätze herausschneiden. Fruchtfleisch in Würfel schneiden und beiseitestellen.

4 Olivenöl in einem großen Topf erhitzen und Meeresfrüchte, Fischstücke und Muscheln portionsweise darin andünsten. Zucchinischeiben hinzufügen. Fischfond oder Gemüsebrühe hinzugießen. Knoblauch abziehen und fein würfeln, mit den Kräutern der Provence unterrühren. Die Suppe mit Salz und Pfeffer würzen, die Zutaten zum Kochen bringen und etwa 10 Minuten bei schwacher Hitze ziehen lassen. Tomatenwürfel unterrühren und kurz mit erhitzen.

5 Thymian abspülen und trocken tupfen. Den Fischeintopf mit Thymianzweigen garniert servieren.

Tipp

Knoblauchbutter mit frisch gehacktem Basilikum vermengen und mit Baguette oder Brötchen zum Eintopf reichen.
Den Zitronenthymian können Sie durch getrockneten Thymian und 1–2 Teelöffel Zitronensaft ersetzen.
So vermeiden Sie Fischgeruch an den Händen: Hände vor dem Waschen mit Zitronensaft oder Essig einreiben.

Zucchinicremesuppe mit Muscheln

Zubereitungszeit: 30 Minuten | Garzeit Suppe: etwa 15 Minuten | Garzeit Muscheln: 5–7 Minuten
4 Portionen | Pro Portion: E: 7 g, F: 10 g, Kh: 7 g, kJ: 675, kcal: 161 | Für Gäste – mit Alkohol

Zutaten

1 Knoblauchzehe

2 Zwiebeln

3 Zucchini (etwa 800 g)

3 EL Olivenöl

750 ml (¾ l) Gemüsebrühe

Salz

frisch gemahlener Pfeffer

500 g frische Miesmuscheln (ersatzweise vakuumverpackt)

75 ml trockener Weißwein

150 ml Milch

1 EL in feine Streifen geschnittenes Basilikum

Zubereitung

1 Den Knoblauch und 1 Zwiebel abziehen, in kleine Würfel schneiden. Zucchini waschen, abtrocknen und die Enden abschneiden. Zucchini in Scheiben schneiden. 2 Esslöffel Olivenöl in einem Topf erhitzen. Die Knoblauch- und Zwiebelwürfel darin unter gelegentlichem Rühren andünsten. Zucchinischeiben eventuell portionsweise hinzugeben und unter Rühren etwa 2 Minuten mitdünsten lassen.

2 Die Brühe hinzugießen, mit Salz und Pfeffer würzen. Die Zutaten zum Kochen bringen und zugedeckt etwa 15 Minuten bei schwacher Hitze leicht kochen lassen. Anschließend die Suppe mit einem Stabmixer fein pürieren.

3 In der Zwischenzeit die Miesmuscheln in reichlich kaltem Wasser gründlich waschen und einzeln abbürsten, bis sie nicht mehr sandig sind (Muscheln, die sich beim Waschen öffnen, sind ungenießbar). Restliche Zwiebel abziehen und klein würfeln.

4 Restliches Olivenöl in einem weiten Topf erhitzen und Zwiebelwürfel darin goldgelb andünsten.

5 Wein und Muscheln hinzugeben, zum Kochen bringen und zugedeckt 5–7 Minuten bei mittlerer Hitze garen, bis sich alle Muscheln geöffnet haben. Den Topf dabei mehrmals schwenken (Muscheln, die sich nach dem Garen nicht öffnen, sind ungenießbar). Die Miesmuscheln mit einer Schaumkelle aus der Kochflüssigkeit nehmen. Die Kochflüssigkeit durch ein feines Sieb in einen Topf gießen.

6 Das Muschelfleisch aus den Schalen lösen und mit Weinsud und Milch zur pürierten Zucchinisuppe geben. Die Zucchinisuppe nochmals erwärmen, mit Salz und Pfeffer abschmecken und mit den Basilikumstreifen garniert servieren. Nach Belieben mit einigen Muschelschalen garnieren.

Tipp

Ganzjährig gibt es beim Fischhändler vakuumverpackte Miesmuscheln zu kaufen. Diese Muscheln müssen vor dem Kochen nur noch gewaschen werden. Da die Ware frisch verpackt wird, gibt es so gut wie keinen Ausschuss.
Servieren Sie die Suppe statt mit Muschelfleisch mit Räucherlachs in Streifen. Diese anstelle des Muschelfleisches wie in Punkt 6 beschrieben in die Suppe geben.

Allgemeine Hinweise

Hinweise zu den Rezepten

Lesen Sie bitte vor der Zubereitung – besser noch vor dem Einkaufen – das Rezept einmal vollständig durch. Oft werden Arbeitsabläufe oder -zusammenhänge dann klarer.

Zutatenliste

Die Zutaten sind in der Reihenfolge ihrer Verarbeitung aufgeführt.

Arbeitsschritte

Die Arbeitsschritte sind einzeln hervorgehoben, in der Reihenfolge, in der wir sie ausprobiert haben.

Abkürzungen

EL	=	Esslöffel
TL	=	Teelöffel
Msp.	=	Messerspitze
Pck.	=	Packung/Päckchen
g	=	Gramm
kg	=	Kilogramm
ml	=	Milliliter
l	=	Liter
evtl.	=	eventuell
geh.	=	gehäuft
gestr.	=	gestrichen
TK	=	Tiefkühlprodukt
°C	=	Grad Celsius
ø	=	Durchmesser

Kalorien-/Nährwertangaben

E	=	Eiweiß
F	=	Fett
Kh	=	Kohlenhydrate
kJ	=	Kilojoule
kcal	=	Kilokalorie

Kapitelregister
Suppen und Eintöpfe mit Gemüse

Suppen und Eintöpfe mit Fleisch

Suppen und Eintöpfe mit Geflügel

Suppen und Eintöpfe mit Fisch und Meeresfrüchten